# *Les droits de l'enfant*

**FRANÇOISE DEKEUWER-DÉFOSSEZ**
Professeure des Universités (FUPL)
Doyen honoraire de la Faculté des Sciences Juridiques, Politiques et Sociales de l'Université de Lille 2

*Neuvième édition mise à jour*
*31e mille*

ISBN 978-2-13-058304-2

Dépôt légal – 1re édition : 1991
9e édition mise à jour : 2010, juin


6, avenue Reille, 75014 Paris

# INTRODUCTION

## QU'EST-CE QUE LES DROITS DE L'ENFANT ?

**Et, d'abord, qu'est-ce qu'un enfant ?** – Étymologiquement, « enfant » vient du latin infans signifiant « qui ne parle pas ». L'infans latin était ce que nous appelons un enfant en bas âge. Aujourd'hui, le terme « enfant » est beaucoup plus largement entendu, puisqu'il est défini par la convention de l'ONU sur les droits de l'enfant comme étant « tout être humain âgé de moins de dix-huit ans, sauf si la majorité est atteinte plus tôt » (art. 1er). C'est dans ce sens que nous utilisons ce terme, tout en signalant immédiatement que le seuil d'âge n'a rien d'absolu : à certains égards, on cesse d'être enfant plus tôt (par exemple, si l'on est émancipé). Mais on peut aussi le rester plus tard (par exemple, certaines mesures d'assistance éducative peuvent durer jusqu'à l'âge de vingt et un ans).

Le terme « enfant » sert aussi à désigner une relation familiale : dans ce second sens, il n'y a pas de limite d'âge. Le propos de ce « Que sais-je ? » est de réfléchir sur les droits de l'enfant entendu comme jeune personne, les relations de parenté n'étant envisagées que comme composantes de son statut.

**L'enfant est un adulte en devenir.** – La plupart des droits de l'enfant sont des applications particulières des Droits de l'Homme (par exemple, la liberté religieuse) ou le droit de devenir un homme. C'est dans cette seconde perspective que se situent toutes les règles de protection et d'éducation de l'enfant, qui doivent lui permettre de grandir, ce qui est l'occupation essentielle de l'enfant. De la bonne réussite de l'éducation de l'enfant dépendent non seulement son avenir propre, mais encore celui de toute la société où il s'insérera. Les droits de l'enfant vont se modifier au cours de sa croissance : les droits d'un enfant de quelques jours ne sauraient être les mêmes que ceux d'un enfant proche de la majorité.

**L'enfant naît et grandit dans une famille.** – L'adulte peut vivre seul et le droit le traite d'abord comme une personne isolée. L'enfant ne peut survivre s'il n'est pas entouré d'adultes. En principe, c'est le milieu familial qui est le plus favorable pour son épanouissement, aussi le droit favorise-t-il l'éducation de l'enfant par ses parents. Néanmoins, il peut se produire que la famille ne remplisse pas son rôle : l'État va donc contrôler et, le cas échéant, suppléer la famille dans l'éducation des enfants.

**Que recouvre la notion de « droits de l'enfant » ?** – On peut l'appréhender d'abord comme droit applicable à l'enfant. C'est la vision la plus traditionnelle, ce qui ne veut pas, pour autant, dire sans ambiguïté. Car, si historiquement on peut affirmer qu'un droit de l'enfance a toujours existé, il consistait plutôt en un ensemble de droits que les adultes avaient sur les enfants. Le droit romain comme l'Ancien Droit français voyaient dans l'enfant l'objet de la puissance paternelle et l'avenir de la lignée. Autant dire que l'enfant n'était pas considéré comme titulaire de droits. Au XIXe siècle interviendra une prise de conscience de la nécessité de protéger l'enfant, contre sa famille ou contre ses employeurs, par exemple. Même des branches du droit particulièrement évoluées, comme le droit pénal des mineurs ou celui de l'assistance éducative, que l'on peut dater du lendemain de la Seconde Guerre mondiale, envisagent plus l'enfant comme objet d'éducation que comme sujet de droits.

Il existe cependant une autre vision des droits de l'enfant, dont l'origine semble résider dans les instruments internationaux : Déclaration des droits de l'enfant de 1959 et, surtout, convention de l'ONU sur les droits de l'enfant de 1989, entrée en vigueur en France dès 1990[1]. Plus récemment s'y est ajoutée la convention européenne sur l'exercice des droits par les enfants de 1996, entrée en vigueur en France le 1er janvier 2009. Dans ces instruments, on ne parle pas de situation juridique de l'enfant, mais de *droits de l'enfant.* L'optique est toute différente, puisqu'il ne s'agit plus de décrire quelles règles juridiques sont applicables aux enfants, mais quels droits doivent leur être reconnus par la société.

Cette mutation est la traduction, dans le monde de l'enfance, de la promotion de la philosophie des Droits de l'Homme, qui connaît de nombreux autres exemples (rétablissement de la liberté religieuse et de la démocratie dans les pays de l'Est, suppression de l'apartheid, etc.). L'enfant est désormais pensé comme un sujet, une personne dotée de liberté.

Le changement d'optique n'est pas sans faire songer au passage de la « condition juridique de la femme » aux « droits des femmes ». La comparaison (qui n'est pas nouvelle) est éclairante, mais elle a ses limites : car l'enfant, à la différence de la femme, ne peut être considéré comme un individu ordinaire à qui il suffit d'appliquer le principe d'égalité des droits. Une législation spécifique est indispensable. Toutefois, dans un cas comme dans l'autre, le changement de terminologie exprime un renversement de perspective : la situation de l'enfant doit désormais être envisagée du point de vue de l'enfant et, autant que possible, par l'intéressé lui-même.

Ce changement de perspective s'est accompagné d'une référence par la convention de l'ONU à l'« intérêt supérieur »

1. Le Conseil d'État, dans un arrêt du 22 septembre 1997 (*PA,* 26 janv. 1998) et la Cour de cassation, depuis un arrêt de la première chambre civile du 18 mai 2005, ont décidé que certaines dispositions de la convention sont d'application directe, en particulier celle qui fait de l'intérêt supérieur de l'enfant une « considération primordiale » et peuvent donc être invoquées par des particuliers devant des juridictions françaises, le cas échéant pour contrer l'application de lois françaises insuffisamment respectueuses des droits des enfants.

de l'enfant, dont la portée a été discutée : en effet, il y a longtemps que le droit français fait de l'intérêt de l'enfant un critère essentiel de décision. L'arrêt du Conseil d'État du 22 septembre 1997 en a fait un principe supérieur du droit, devant être respecté par toutes les décisions administratives et susceptible de paralyser l'application des lois qui ne le respecteraient pas. Quant à la Cour de cassation, dans un arrêt du 8 novembre 2005, elle n'a pas hésité à énoncer que l'intérêt supérieur de l'enfant doit, en tant que tel, être préféré à celui de ses parents. Il s'agit là d'avancées juridiques considérables.

Reste que l'intérêt de l'enfant, même « supérieur », est toujours celui qui est qualifié de tel par les adultes. Or la perspective des « droits de l'enfant » amène à confronter cet intérêt pensé par les adultes au « droit d'expression » de l'enfant, ce qui constitue un véritable changement et risque de déstabiliser certaines habitudes !

On perçoit immédiatement les difficultés que présente la nouvelle problématique des droits de l'enfant : il est trop jeune, inexpérimenté et immature pour que la vision qu'il a de son intérêt (supérieur) soit incontestable. Par ailleurs, ce sont les parents qui sont chargés de faire respecter l'intérêt de l'enfant. Or cet intérêt est parfois contraire à celui des parents ! Résoudre cette contradiction implique nécessairement de permettre à la parole de l'enfant de s'exprimer par un autre canal que la voix de ses parents : l'avocat d'enfant, le Défenseur d'enfant ou... l'enfant lui-même. Chaque solution présente des difficultés, mais, pour difficile à mener qu'il soit, ce changement d'optique ne peut pourtant pas être éludé, ne serait-ce que parce que la convention internationale déjà évoquée en fait une obligation.

Il n'est pas question, dans un cadre aussi restreint, d'étudier les droits de l'enfant dans le monde. Nous écarterons donc de notre propos un certain nombre de situations qui ne posent guère de difficulté dans notre pays, comme, par exemple, la situation des enfants dans les conflits armés. Il nous paraît préférable de centrer nos développements sur les problèmes que peuvent poser effectivement les droits de l'enfant dans le contexte français actuel. Le droit français ne peut pas être considéré comme globalement « en retard » par rapport à la convention de l'ONU ; il la respecte même mieux que bien des pays évolués, comme les États-Unis. Mais, contrairement à ce que l'on pourrait supposer, les droits de l'enfant ne sont pas toujours suffisamment respectés par les hommes ou par les lois.

En droit positif français, l'adoption de la nouvelle perspective des « droits de l'enfant » date de la loi du 22 juillet 1987 relative à l'autorité parentale qui, pour la première fois, a réparti cette autorité entre les parents séparés en se fondant sur deux droits de l'enfant : le droit de l'enfant à conserver des liens avec ses deux parents, et le droit de l'enfant à s'exprimer. La plus grande partie du reste de la législation s'inscrit dans une vision du « droit de l'enfance », largement inspirée par un souci de protection de l'enfant, mais ne lui laissant qu'assez peu la parole. Même si la prise en considération des « droits de l'enfant » y est plus sensible, le train de réformes législatives des années 2001 à 2010 contient encore de nombreuses mesures inspirées par d'autres préoccupations.

C'est ce que nous vérifierons successivement à propos du « Statut juridique de l'enfant » (chap. I), de l'insertion de « L'enfant dans sa famille » (chap. II) et, enfin, de « La protection de l'enfant par l'État » (chap. III).

# CHAPITRE I

# LE STATUT JURIDIQUE DE L'ENFANT

Le statut juridique de l'enfant se décrit sous deux angles différents : d'abord, savoir s'il est considéré comme une personne juridique ; ensuite, déterminer l'étendue de sa capacité juridique.

## I. – La personnalité juridique de l'enfant

La personnalité juridique est l'aptitude à être titulaire de droits et d'obligations. S'il n'est pas douteux que les enfants aient cette qualité, il est beaucoup moins évident de déterminer à partir de quel moment cette personnalité leur est reconnue.

Une fois attribuée à l'enfant, la personnalité juridique lui confère un ensemble d'« attributs » qui permettent de l'identifier et de le caractériser, tels le nom ou la nationalité.

1. **La question de la personnalité de l'enfant simplement conçu.** – La personnalité commence-t-elle à la naissance ou dès la conception de l'enfant ? Deux adages traditionnels peuvent être invoqués :

*« Infans conceptus pro nato habetur quoties de commodis ejus agitur. »*

*« Infans pars viscerum matris. »*

Le premier signifie que l'enfant simplement conçu est considéré comme né, dans la mesure où il y va de son intérêt.

Le second, que l'enfant non encore né est simplement une partie du corps de la mère.

Ces deux adages ne sont pas vraiment contradictoires car ils ont des champs d'application différents. Quant à la législation civile et pénale, elle refuse de poser des principes généraux (et ce refus a été expressément exprimé lors du vote des lois « bioéthiques » du 29 juillet 1994). Mais elle règle les questions les plus importantes. On peut assez bien résumer l'état du droit en affirmant que l'enfant simplement conçu n'est pas considéré par le droit comme une personne, mais qu'il a néanmoins une personnalité conditionnelle, ou encore potentielle – bref, un « embryon de personnalité ».

A) *L'absence de personnalité juridique de l'enfant conçu.* – La reconnaissance de la qualité de personne à l'embryon se heurte à l'insuffisante autonomie de ce dernier. Indissociable du corps de sa mère, il n'est pas apte à une vie indépendante. Aussi est-il impossible de le considérer comme sujet juridique tant qu'il n'est pas né.

Bien qu'implicite, cette solution est ancienne : reconnaître à l'enfant *in utero* la même personnalité qu'après la naissance aurait impliqué qu'il bénéficie de la même protection pénale. Or il n'en est rien et il n'en a jamais été ainsi. Le fait de donner la mort à une personne est un homicide, volontaire ou non. La même opération pratiquée avant la naissance n'est qu'une interruption de grossesse, dont le régime juridique est différent. Ainsi, la Cour de cassation juge qu'aucune poursuite pénale n'est possible à l'encontre d'une personne qui provoque involontairement une interruption de grossesse, par exemple en cas d'accident de la circulation, même si le fœtus était quasiment à terme[1]. Saisie de cette question, la Cour européenne des droits de l'homme de Strasbourg n'a pas trouvé de motif de condamner la France[2]. Cette solution est de plus en plus mal comprise des parents, mais l'incrimination de l'interruption *involontaire* de grossesse poserait de redoutables problèmes juridiques en raison de la légalité de principe de l'interruption *volontaire* de grossesse.

1. Ass. plén., 29 juin 2001, *JCP*, 2001, II, 10569.
2. Arrêt Vo c/ France du 8 juillet 2004.

En effet, depuis 1975, il y a débat en raison de la légalisation de l'interruption volontaire de grossesse (loi du 17 janvier 1975). L'IVG est licite si la femme enceinte s'estime dans une situation de « détresse » et si elle suit une procédure appropriée au cours des douze premières semaines de sa grossesse. Il existe aussi une interruption médicale de grossesse, qui peut être pratiquée à tout moment, si la grossesse menace la santé de la mère ou s'il existe de fortes probabilités que l'enfant soit atteint d'une grave malformation.

Il serait cependant abusif d'en déduire que le droit français ne reconnaît pas le droit à la vie de l'embryon. La loi sur l'IVG proclame, dans son article 1er : « La loi garantit le respect de tout être humain dès le commencement de la vie. Il ne saurait être porté atteinte à ce principe qu'en cas de nécessité et selon les conditions définies par la présente loi », et ce texte a été repris quasiment à l'identique dans l'article 16 du Code civil, issu des lois « bioéthiques » précitées. L'interruption volontaire de la grossesse d'autrui demeure d'ailleurs un délit dès lors qu'elle n'est pas accomplie dans le respect des règles légales.

Il faut cependant aller au-delà de ce premier aspect des choses. Car la notion de « détresse » étant purement subjective et ne pouvant être contrôlée par personne – ni par le mari, ni par le médecin, ni par le juge –, force est de reconnaître que l'avortement est, en fait, totalement libre pendant les douze premières semaines de grossesse.

Dès lors se pose la question de savoir si une telle législation est bien compatible avec la protection des personnes et des enfants instituée par différents instruments internationaux, plus précisément par la convention européenne des droits de l'homme de 1950, par le Pacte international de New York relatif aux droits civils et politiques de 1966 et par la convention de l'ONU sur les droits de l'enfant de 1989.

Au regard de la convention sur les droits de l'enfant, la difficulté a été résolue d'avance : en effet, la France n'a ratifié celle-ci que sous réserve expresse de ce que l'article 6 de cette convention, qui proclame le droit à la vie de l'enfant, ne soit pas considéré comme contraire à la législation française sur l'IVG.

En revanche, aucune réserve similaire n'avait été faite lors de la ratification par la France des deux autres conventions. Le Conseil constitutionnel et le Conseil d'État[1] ont tous deux été saisis, dans des circonstances différentes, de la question de savoir si la loi autorisant l'IVG est compatible avec la convention européenne de sauvegarde des droits de l'homme, mais ils n'ont jamais mis en doute cette conformité.

Cette position était prévisible, compte tenu de l'extrême réserve de la Commission des droits de l'homme du Conseil de l'Europe, qui avait précédemment refusé aussi bien de condamner les législations interdisant l'avortement que celles qui l'autorisent[2]. Il eût été illogique qu'une juridiction nationale se montrât plus exigeante quant à l'application de la convention européenne des droits de l'homme que l'instance internationale chargée de faire respecter cette convention !

Autrement dit, le droit à la vie des personnes n'implique nullement le droit à la vie des embryons.

Le fait que l'enfant non encore né ne soit pas une personne se confirme lorsque l'on examine le statut juridique des fœtus et embryons. Tant que l'enfant n'est pas né, ses parents ne peuvent pas se voir reconnaître l'autorité parentale. Par conséquent, le père d'un enfant conçu n'a absolument aucune prérogative juridique sur l'embryon. Cette solution joue aussi dans le cadre des nouvelles techniques médicales. Ainsi n'est-il pas question d'appliquer à un embryon congelé le statut d'un enfant. La procédure d'« accueil » d'un embryon par un couple autre que celui dont il est issu a été nettement distinguée de celle de l'adoption par les lois du 29 juillet 1994 (voir art. L. 2141-5 du Code de la Santé publique).

1. CE, 21 décembre 1990, *D,* 1991, *IR,* p. 34.
2. V. la décision X c/ Royaume-Uni du 13 mai 1980, *Documents et Rapports du Conseil de l'Europe (DR),* 19, p. 244.

Le Conseil constitutionnel a énoncé très clairement que le respect de tout être humain dès le commencement de la vie n'est pas applicable aux embryons *in vitro*[1].

Force est de reconnaître que, jusqu'à la naissance, l'embryon n'est pas une personne, même si, en raison de sa qualité d'être humain, il bénéficie d'un régime juridique particulier. Surtout, l'embryon puis le fœtus sont indissociables de l'enfant qui est en germe ; c'est ce qui explique la personnalité potentielle de l'enfant.

B) *La personnalité conditionnelle ou potentielle de l'enfant conçu.* – L'expression « personnalité conditionnelle » a une signification juridique précise. Elle indique que l'enfant simplement conçu peut déjà acquérir certains droits, mais que ceux-ci ne deviendront vraiment effectifs que si l'enfant naît vivant et viable. C'est le prolongement de l'adage *« infans conceptus... »* déjà cité. Une application particulière de ce principe est faite par les articles 725 et 906 du Code civil : un enfant conçu peut hériter d'une personne décédée avant sa naissance. C'est le cas du fils posthume qui a droit à l'héritage de son père. Mais il faut que l'enfant naisse vivant et viable. Lorsqu'un décès se produit alors qu'un héritier possible est en gestation, il convient donc d'attendre la naissance. Si l'enfant naît vivant, on considérera qu'il avait déjà la qualité de personne apte à succéder au moment du décès. Si, au contraire, l'enfant est mort-né ou si une fausse couche se produit, on fera comme s'il n'avait jamais eu d'existence.

Le mécanisme de la condition produit un effet rétroactif : le résultat de la grossesse conditionnera le statut de l'embryon avant la naissance.

Ce système prévu par le Code civil dans le cas des successions a été transposé ensuite par les tribunaux dans d'autres hypothèses similaires. Ainsi, si le père décédé avait souscrit une assurance-vie, elle

1. Cons. const., 27 juillet 1994, *D,* 1995, 237.

pourra bénéficier à un enfant conçu avant son décès mais né par la suite.

De même, il est possible pour la mère comme pour le père de reconnaître un enfant avant sa naissance. Cette reconnaissance ne produit aucun effet immédiat, mais elle établira la filiation et le nom de l'enfant et déterminera le(s) détenteur(s) de l'autorité parentale au moment de sa naissance.

Cette pratique est de plus en plus fréquente car elle permet d'établir les cadres juridiques de la vie de l'enfant dès avant sa naissance et lui offre ainsi un maximum de sécurité. En revanche, cette reconnaissance ne permet pas d'agir immédiatement au nom ou en faveur de l'enfant conçu.

Lorsque l'enfant est né, le système juridique qui a été appliqué pendant sa gestation apparaît cohérent, puisque la personnalité ou l'absence de personnalité résultant de sa vie ou de sa mort produisent leurs effets rétroactivement dès sa conception et donnent une solution uniforme et rationnelle aux problèmes pratiques.

En revanche, cette construction avoue ses insuffisances face aux problèmes qui se posaient dans les laboratoires et les hôpitaux. Car le régime de la personnalité conditionnelle est impuissant pour déterminer, par exemple, ce qui devrait être fait d'un embryon congelé lorsque ses procréateurs périssent accidentellement ou divorcent, ou encore les limites à assigner aux expérimentations sur les embryons.

Ces questions sont réglées par les lois sur la bioéthique. De façon globale, l'embryon est relié à un « projet parental ». Ainsi, en cas de destruction du couple par divorce ou décès, l'embryon congelé doit être soit détruit, soit donné à un autre couple. La révision des lois bioéthiques qui doit avoir lieu courant 2010 autorisera vraisemblablement la réimplantation *post mortem* des embryons, à certaines conditions (en particulier de délai).

Il faut alors se tourner vers la notion de *personnalité potentielle* de l'embryon. Cette expression a été utilisée pour la première fois par le Comité national d'éthique dans son avis de 1984 sur les utilisations d'embryons à des fins thérapeutiques ou scientifiques. Elle exprime à la fois le respect dû à l'embryon et le souci de permettre à cette potentialité de se réaliser. Bien que non reprise dans les lois bioéthiques, cette notion les a inspirées. La dignité de l'être humain potentiel explique l'interdiction du clonage reproductif, comme toutes les interdictions posées par les lois de bioéthique – par exemple, celle qui frappe la fabrication d'embryons pour la recherche.

Mais l'absence de véritable statut juridique de l'enfant à naître aboutit à certaines impasses juridiques ; par exemple, face à la question posée par l'arrêt *Perruche* de savoir si un enfant peut obtenir réparation de la non-découverte de son handicap prénatal ayant eu pour conséquence une naissance préjudiciable. Successivement, la jurisprudence[1] a répondu positivement, puis la loi[2] négativement, sans qu'aucune solution entraîne véritablement la conviction.

En tout état de cause, la loi du 4 mars 2002 rejette formellement l'idée d'un droit de l'enfant de naître sans handicap.

2. **Les « attributs de la personnalité » de l'enfant.** – En tant que personne, l'enfant est titulaire d'un certain nombre de droits subjectifs, c'est-à-dire de prérogatives dont il peut exiger le respect. Les plus importantes concernent son identité, mais il ne faut pas négliger son autonomie patrimoniale.

A) *Le droit de l'enfant à une identité.* – L'enfant, dès sa naissance, a droit à un nom et à une nationalité. Ces droits fondamentaux sont proclamés par les articles 7 et 8 de la convention sur les droits de l'enfant.

1 / Chaque enfant a *un nom* : tout enfant qui naît en France est obligatoirement déclaré à la mairie dans les trois jours de sa naissance. Cette obligation pèse sur le père, s'il est présent lors de l'accouchement, mais aussi sur les médecins et sages-femmes ayant assisté la mère. Lors de l'établissement de l'acte de naissance, un nom est donné à l'enfant.

1. Ass. plén., 17 novembre 2000, *Bull. civ.,* Ass. plén., n° 9.
2. Loi du 4 mars 2002 sur les droits des malades, art. 1.

Jusqu'à une époque récente, le nom de l'enfant était, pour les enfants légitimes, celui du mari, pour les enfants naturels celui du parent à l'égard duquel la filiation était établie en premier lieu et celui du père en cas de reconnaissances simultanées. Depuis le 1er janvier 2005, date d'entrée en vigueur de la loi du 4 mars 2002 relative au nom de famille, les parents mariés ou non ont un choix entre le nom du père, celui de la mère ou les deux accolés. Reste qu'en cas de litige ou d'absence de choix le nom du père prédominera obligatoirement si l'enfant est né en mariage. Reste aussi que l'enfant né hors mariage continuera de porter le nom du parent qui l'aura reconnu le premier en cas de reconnaissances successives. Enfin, tous les enfants d'un même couple devraient porter le même nom, mais cette règle sera assez difficile à imposer en pratique.

Le nom transmis par filiation subit les vicissitudes de cette dernière : ainsi l'enfant adopté prend-il le nom des adoptants, quel que soit son âge.

L'enfant né en France de parents étrangers, à qui il ne peut être délivré de carte nationale d'identité, peut bénéficier d'un « titre d'identité républicain », lui permettant de justifier de son identité.

2 / Le droit français ne reconnaît pas le *droit à la connaissance des origines,* que ce soit dans le cadre des filiations « naturelles », ou de la procréation médicalement assistée.

La loi française n'impose pas de mentionner le nom de la mère ni *a fortiori* celui du père dans l'acte de naissance, et toute femme, mariée ou non, peut demander le secret de son accouchement. Par ailleurs, les parents peuvent remettre un enfant à l'Aide sociale à l'enfance, afin qu'il soit adopté, mais ils ne peuvent plus demander que le secret de leur identité soit préservé. Dans tous les cas, après l'écoulement d'un bref délai permettant à la mère de changer d'avis, ces enfants sont immatriculés comme pupilles de l'État, puis rapidement adoptés et reçoivent, au moment de leur adoption, le nom du ou des adoptants. À ce moment, l'acte de naissance initial est annulé et remplacé sur les registres de l'état civil par le jugement prononçant l'adoption : y sont énoncés les date, lieu et heure de la naissance, ainsi que les noms des adoptants. L'enfant lui-même n'a pas droit à communication de son acte de naissance originaire. De toute façon, lorsque le nom de ses parents n'y figure pas, cette consultation ne lui serait pas d'un grand secours.

Ce système est destiné à protéger la mère qui a abandonné son enfant de toute question indiscrète par la suite : c'est le prix payé pour éliminer la tentation de l'avortement ou de l'infanticide. Il permet aussi d'éviter les révélations inopportunes tant aux tiers qu'à l'enfant lui-même. Le législateur a voulu laisser aux parents adoptifs le soin de déterminer librement s'ils doivent dire à l'enfant qu'il a été adopté, ainsi que quand et comment ils le disent.

Mais, malgré ses côtés bénéfiques, ce système est actuellement critiqué car il ne permet évidemment pas à l'enfant de connaître sa véritable identité. Si l'enfant devenu adulte souhaite la rechercher, il va se heurter au secret médical ou au silence administratif. Encore faut-il préciser les termes du débat, souvent objet de confusions.

En cas d'« accouchement sous X », ce secret est absolu, car aucune trace n'est gardée de l'identité de la mère, et, de toute façon, le secret est garanti à la fois par le Code civil (art. 326), le Code de l'action sociale et des familles (art. L. 222-6), et par le Code pénal au titre du secret médical (art. 226-13).

En revanche, lorsque les enfants ont été remis à l'ASE sans que les parents demandent expressément le secret, la loi du 17 juillet 1978 sur la communication des documents administratifs impose à l'ASE l'obligation de communiquer aux enfants les dossiers les concernant.

Une loi du 22 janvier 2002 a créé le Conseil national pour l'accès aux origines personnelles, dont la mission est de faciliter l'accès aux origines des enfants abandonnés qui le souhaitent. Le CNAOP a donc pour mission de recevoir les demandes de renseignements des enfants, ainsi que les déclarations des mères qui souhaiteraient lever leur anonymat. Lorsque la demande émane de l'enfant, il est habilité à prendre contact avec la mère pour organiser les retrouvailles. En revanche, il n'a pas à signaler à l'enfant que la mère a levé le secret de son identité. Le nom de la mère sera versé au dossier et y attendra une éventuelle demande de renseignements de l'enfant.

Pour l'avenir, les mères seront « invitées » à laisser un maximum de renseignements dans le dossier. Mais il leur sera toujours loisible de ne rien dire.

Une semblable discordance entre l'identité légale ou apparente de l'enfant et son identité réelle apparaît aussi dans les hypothèses de « nouveaux moyens de procréation ». L'enfant né par insémination artificielle avec donneur, l'enfant né après don d'embryon ou d'ovule... ont un nom qui leur est donné par la famille qui les élève, mais qui ne correspond pas à leur véritable origine génétique.

On peut pourtant estimer que la connaissance par un enfant de sa véritable identité est un droit, et qu'elle serait de son intérêt. Elle lui permettrait de bénéficier de la médecine prédictive, qui tend à prévenir par des soins appropriés les maladies rendues probables par des antécédents familiaux. Elle l'aiderait à résoudre certaines difficultés psychologiques.

Mais cet « intérêt supérieur » de l'enfant n'est pas toujours compatible avec celui de ses parents. Et faire prévaloir l'intérêt de l'enfant risquerait de provoquer des effets secondaires nuisibles : ainsi, la décision prise en Suède de communiquer aux enfants nés par une IAD l'identité du donneur de sperme a immédiatement entraîné une significative raréfaction des dons.

Aussi la convention de l'ONU ne confère-t-elle à l'enfant le droit de connaître ses parents que « dans la mesure du possible » (a. 7, 1). Reste à savoir si ce « possible » doit être entendu dans un sens matériel ou juridique, s'il permet aux États de modeler leur loi selon ce qui leur paraît juste, ou s'il leur impose de créer des procédures permettant à l'enfant de retrouver ses origines ?

Au regard de la convention européenne des droits de l'homme, l'arrêt *Odièvre* de la Cour européenne rendu le 13 février 2003 a jugé que la nouvelle législation française était suffisamment équilibrée et opérait une conciliation admissible entre les droits des mères et des enfants.

De façon surprenante, c'est la promotion des droits du père qui pourrait sonner le glas de l'accouchement « sous X » : dans un arrêt du 7 avril 2006[1], la Cour de cas-

1. Bull. civ. nº 195.

sation a annulé l'adoption d'un enfant né sous X parce que son père l'avait reconnu de façon prénatale. C'est tout le système fondé sur l'accouchement anonyme qui s'effondre !

3 / Un phénomène similaire peut être relevé en matière de *nationalité*. Selon la loi française, sont français les enfants ayant au moins un parent français, ainsi que les enfants nés en France d'un parent né également en France. Sont encore français tous les enfants nés en France, s'ils n'ont aucune autre nationalité, ainsi que les enfants nés en France de parents étrangers et élevés en France. Enfin, les enfants adoptés ou recueillis par des Français deviennent ou peuvent devenir, selon les cas, français.

Il est donc exclu qu'un enfant né ou même simplement élevé en France soit privé de nationalité. Cela ne veut pas dire pour autant qu'il aura droit à la nationalité correspondant à ses origines familiales et géographiques. Ainsi, il pourra arriver qu'un enfant né en France d'une mère étrangère et d'un père inconnu soit français parce que la loi nationale de la mère ne lui confère pas sa nationalité. De ce point de vue également, le droit de l'enfant à son identité est mis en échec.

Le droit à la nationalité de l'enfant peut encore être contredit par une adoption internationale. Si cette adoption est souvent une réponse adéquate pour des enfants abandonnés dans leur pays d'origine, ou dont les parents consentent sans équivoque, elle peut aussi entraîner des trafics d'enfants, et des déracinements préjudiciables. Des difficultés surgissent, en particulier, lorsque les pays d'origine de ces enfants refusent toute espèce d'adoption (pays musulmans) ou ignorent l'adoption plénière telle que la connaît le droit français. En principe, la validité du consentement à adoption est appréciée par les tribunaux français selon la loi nationale de l'enfant adopté. De plus, les familles adoptant un enfant étranger doivent demander un agrément à l'ASE, comme pour adopter un Français. Aucun déracinement intempestif ne devrait donc être constaté. En réalité, face à certaines situations de blocage, des détournements de procédure sont constatés, des adoptions réalisées à l'étranger dans des conditions incontrôlables. La situation actuelle est complexe et douloureuse, les intérêts des différents protagonistes et des États en cause étant contradictoires, voire conflictuels.

Quant à l'« intérêt supérieur de l'enfant », qui devrait guider la solution de ces litiges, il est bien difficile de savoir s'il consiste à être intégré le mieux possible dans la communauté française, ou à conserver des liens avec son pays d'origine ?

4 / L'enfant a-t-il un quelconque *droit de choisir* son nom et sa nationalité, peut-il faire entendre sa voix sur ce sujet ? La réponse à cette question doit être nuancée.

Au regard du nom, la loi du 4 mars 2002 n'a pas donné de liberté supplémentaire à l'enfant, au contraire. Elle a permis aux parents de modifier le nom de l'enfant s'il résulte de l'ordre d'établissement des liens de filiation : dans ce cas, l'accord de l'enfant est nécessaire s'il est âgé de plus de treize ans.

En revanche, la faculté qui était ouverte à l'enfant né hors mariage majeur de demander un changement judiciaire de nom a été supprimée.

Enfin, l'enfant mineur n'a pas à donner son accord si ses parents décident de lui faire porter le « nom d'usage » composé des patronymes de ses deux parents. Et, inversement, il ne peut pas non plus décider de son propre chef de porter ce double nom.

Sur la nationalité, l'enfant a un pouvoir plus important. Le Code civil lui reconnaît, dans nombre d'hypothèses, le droit d'effectuer une déclaration aux fins d'acquérir ou de répudier la nationalité française. En particulier, les enfants nés en France de parents étrangers peuvent réclamer la nationalité française dès l'âge de seize ans sans intervention de leurs parents. Ces derniers peuvent demander la nationalité française au nom de leur enfant dès qu'il a treize ans, mais à condition que celui-ci y consente personnellement (art. 21-11 C. civ.).

Notons, enfin, que la convention de l'ONU prévoit un droit à la spécificité culturelle pour les enfants de minorités ethniques. La France a émis des réserves concernant cet article lors de sa ratification, car l'unité de la République et sa laïcité s'opposent à la reconnaissance de minorités ethniques. Cette question n'a, en fait, rien de spécifique aux droits des enfants : il s'agit d'un doublet des Droits de l'Homme en général.

B) *L'autonomie patrimoniale de l'enfant.* – Comme toute personne, l'enfant a un patrimoine distinct de celui de ses parents. Cette autonomie patrimoniale n'est pas toujours perçue, tout d'abord parce que l'enfant n'a généralement pas de ressources en dehors de celles que lui procurent ses parents. À cet égard, il faut noter qu'il n'existe aucune obligation pour les parents de donner de l'argent « de poche » à leurs enfants. Tant qu'ils sont mineurs, les parents doivent subvenir à leurs besoins, mais l'enfant n'a aucun droit au superflu, ni à effectuer lui-même une partie des dépenses utiles le concernant.

Il peut arriver cependant que des mineurs aient un certain patrimoine : les deux hypothèses pratiques sont, d'une part, le cas où l'un de ses parents est décédé, laissant l'enfant comme héritier, et, d'autre part, l'enfant victime d'un accident qui perçoit une indemnité plus ou moins substantielle. Ce sont alors les parents (ou le parent survivant) qui sont chargés d'administrer son patrimoine.

Il arrive aussi que les parents placent des sommes qui leur appartiennent sur des comptes ou livrets ouverts au nom de leurs enfants : les tribunaux refusent alors souvent qu'ils les retirent, estimant qu'une telle opération constitue une donation au profit de l'enfant[1].

Gérant les biens de l'enfant, ses parents ne peuvent pas pour autant en disposer à leur guise : nous verrons dans la section consacrée à l'incapacité juridique de l'enfant les limites relativement étroites de leurs pouvoirs.

L'autonomie patrimoniale de l'enfant a aussi une version passive, c'est-à-dire que l'enfant peut se trouver débiteur, par exemple, parce qu'il a causé des dommages à un camarade au cours d'un jeu. Si l'accident n'est pas pris

1. V. Les comptes et livrets des enfants mineurs ne font pas partie de l'actif de la communauté : Cass. civ. 1re, 6 janvier 2010, nº 08-20055, L'*Essentiel* Droit de la famille et des personnes, 10 février 2010 nº 2, p. 2 -

en charge par ses parents et leur assurance (v. section suivante), l'enfant peut être considéré comme personnellement tenu de réparer les dommages. Or la dette de l'enfant n'est pas celle des parents. Dans l'immédiat, faute de ressources, il ne pourra pas se voir contraindre à payer l'indemnité. Mais cette dette demeure dans son patrimoine et il pourra se voir poursuivre dès que, jeune majeur, il acquerra des ressources professionnelles.

L'enfant a, certes, un nom, une nationalité, un patrimoine qui lui sont propres. Pourtant, la personnalité juridique de l'enfant a peine à s'affirmer ; elle reste plus ou moins dépendante de la famille, qui a tendance à l'englober, à ne pas permettre son émergence comme liberté autonome. C'est que la personnalité juridique, privée de son outil juridique qu'est la capacité juridique, n'a guère de moyens de s'exprimer.

## II. – L'incapacité juridique de l'enfant

L'enfant mineur est un incapable, c'est-à-dire qu'il ne peut pas lui-même exercer ses droits. Assez logiquement, cette incapacité s'atténue au fur et à mesure que l'enfant devient adolescent. Cette incapacité l'empêche d'avoir un véritable droit d'expression en justice.

1. **Le régime général de l'incapacité des mineurs.** – L'enfant est mineur jusqu'à l'âge de dix-huit ans. Jusqu'à son dix-huitième anniversaire, il est donc juridiquement incapable.

L'incapacité de l'enfant est d'abord civique : il n'est ni électeur ni éligible. Les conseils municipaux d'enfants, ou encore le « Parlement des enfants », sont des initiatives éducatives destinées à sensibiliser les enfants aux institutions publiques (et réciproquement), et ils demeurent facultatifs et consultatifs.

Sur le plan civil, l'incapacité du mineur est une incapacité de protection : elle a été instituée dans son intérêt exclusif, pour éviter qu'il soit tenu par des engagements pris sans discernement. Remarquons immédiatement un paradoxe : on tient le mineur pour incapable au niveau des contrats et on lui interdit d'en passer, mais on retient, à l'inverse, sa responsabilité civile et pénale quand il commet des fautes. La logique voudrait pourtant que son incapacité le protège aussi contre les conséquences de ses imprudences.

L'incapacité du mineur est dite « d'exercice » parce que l'enfant mineur peut parfaitement être titulaire de droits et d'obligations, mais qu'il est seulement privé de la faculté de les exercer lui-même : ces droits sont mis en œuvre, en son nom, par son représentant légal.

L'incapacité du mineur pose donc deux questions :

- que se passe-t-il si un mineur passe un acte juridique ?
- comment sont exercés ses droits et obligations ?

A) *Le sort des actes passés par un mineur.* – Normalement, un acte passé par un incapable est nul. L'incapacité du mineur étant destinée à le protéger, il s'agit de ce que l'on appelle une nullité relative, c'est-à-dire que seul le mineur (ou son représentant) peut demander au tribunal l'annulation de l'acte. Par ailleurs, cette nullité peut être confirmée, c'est-à-dire que le mineur, une fois devenu majeur, peut en quelque sorte ratifier l'acte en l'exécutant spontanément. Par exemple, si un mineur achetait à crédit une moto, et continuait de payer les mensualités après son accession à la majorité, on considérerait qu'il a tacitement confirmé son achat à crédit[1].

Si la nullité est prononcée, elle est rétroactive, c'est-à-dire que l'acte est censé n'avoir jamais été passé : ainsi, dans l'exemple cité plus haut, si le mineur fait annuler l'achat, il restitue la moto et le vendeur doit lui rendre toutes les sommes perçues. Mais le cocontractant du mineur ne peut exiger que ce qui a « tourné au profit » du mineur : si le mineur a dépensé l'argent provenant du contrat, l'autre partie n'a aucun recours (art. 1312 C. civ.).

1. V., pour un contrat de travail, Cass. soc., 16 février 1979.

Tous les actes passés par les mineurs ne sont cependant pas nuls. Malgré une certaine imprécision des textes, on peut distinguer trois catégories d'actes :

– ceux que le représentant légal du mineur n'aurait pas pu faire sans autorisation (par exemple, vente d'immeuble, emprunt...). Accomplis par le mineur seul, ces actes sont nuls ;
– les actes que la « loi » ou l'« usage » autorise le mineur à accomplir seul (art. 389-3 C. civ.), comme les courses d'alimentation effectuées au sortir de l'école, ou l'achat de vêtements par des adolescents. Ces actes sont parfaitement valables ;
– les actes qui ne sont compris ni dans la première ni dans la seconde catégorie sont « rescindables pour lésion », c'est-à-dire qu'ils peuvent être annulés dans la seule mesure où ils sont préjudiciables au mineur (art. 1304 s. C. civ.). Ce problème a pu être posé, par exemple, à propos de contrats passés par de jeunes vedettes de la chanson.

Il faut enfin ajouter que certains actes obéissent à un régime juridique spécifique : ainsi existe-t-il des règles spéciales pour le mariage d'un mineur, pour son apprentissage, etc. Ces actes étant, le plus souvent, faits par des adolescents, seront vus dans le paragraphe suivant.

Ce régime de protection, paradoxalement, ne concerne pas les agissements les plus graves du mineur. En effet, il ne s'applique qu'aux actes juridiques, c'est-à-dire aux opérations faites volontairement pour produire un effet juridique : par exemple, aux contrats.

L'incapacité du mineur ne l'empêche absolument pas de s'engager lorsqu'il commet ce que le juriste appelle un délit ou un quasi-délit. Il peut s'agir d'un accident de mobylette, d'un coup donné lors d'un jeu un peu brutal, d'une grange incendiée, ou, dans des cas particulièrement graves, d'un jeu avec une arme à feu qui se termine tragiquement. En semblable hypothèse, le mineur est, en principe, civilement responsable des dommages causés, même si son jeune âge le privait de discernement[1]. En revanche, sa responsabilité pénale est très sérieusement atténuée (v. la dernière section de ce « Que sais-je ? »). Dans la plupart des hypothèses, les parents, ou les établissements scolaires, seront responsables du dommage causé par leur enfant, en application de l'article 1384, al. 4, C. civ. Ce sont alors eux qui devront indemniser la victime. Le débat sur la responsabilité des parents, ou de l'école, a alors tendance à occulter celui sur la responsabilité de l'enfant. École ou parents étant souvent assurés, la victime s'adressera à eux pour obtenir réparation. Pourtant il peut arriver que ni l'école, ni les parents, ni personne, ne soit tenu d'assumer le préjudice causé par l'enfant. Celui-ci sera alors seul tenu d'indemniser la victime, sur son patrimoine actuel ou futur. Certaines « bêtises » d'adolescents pèsent ainsi très lourdement sur leur vie d'adulte.

B) *Le représentant légal du mineur.* – Ne pouvant accomplir lui-même les actes juridiques nécessaires à l'administration de son patrimoine, l'enfant va être représenté par une personne capable. Les représentants légaux du mineur sont, en principe, ses parents. Normalement, ce sont les titulaires de l'autorité parentale (que nous verrons au prochain chapitre) qui sont également les administrateurs légaux des biens de l'enfant, et qui, à ce titre, exercent ses droits en son nom et pour son compte. Ainsi, par exemple, vont-ils demander la délivrance d'une carte d'identité, ouvrir un livret de caisse d'épargne, etc., pour l'enfant.

La représentation de l'enfant par ses parents est particulièrement problématique lorsqu'elle porte sur des droits à caractère éminemment personnel. Ainsi, dans la célèbre affaire *Perruche*[2], les parents ont agi en dommages-intérêts au nom de l'enfant né handicapé à la suite d'une erreur médicale. Or, si l'erreur n'avait pas été commise, l'enfant ne serait pas né car il y aurait eu interruption de grossesse.

1. Ass. plénière de la Cour de cassation, 9 mai 1984, cinq arrêts (*D*, 1984, 525).
2. Ass. plén., 17 novembre 2000.

Dès lors, quelle qualité avaient les parents pour affirmer au nom de l'enfant que la vie handicapée était constitutive d'un préjudice ? Aussi la loi du 4 mars 2002 a-t-elle exclu désormais ce type de demande.

Si les deux parents exercent en commun l'autorité parentale, ils sont également tous deux administrateurs légaux et représentants légaux de l'enfant.

À cet égard, de nombreux formulaires, en particulier scolaires, visant « le » représentant légal, devraient être mis en conformité avec la législation actuelle. Car, depuis une loi du 23 décembre 1985, les deux parents sont tous deux et à égalité représentants légaux de l'enfant.

Cette situation concerne tous les parents mariés, ainsi que les parents non mariés ou divorcés lorsqu'ils exercent en commun l'autorité parentale. L'administration légale est alors dite « pure et simple » ; les parents accomplissent séparément les actes courants et ensemble d'un commun accord les actes graves concernant l'enfant. À titre d'exemple, l'ouverture d'un livret de caisse d'épargne est un acte courant. Au contraire, l'accord des deux parents est nécessaire pour vendre ou pour confier à une banque des valeurs mobilières appartenant au mineur. Les actes les plus graves nécessitent, outre l'accord des deux parents, celui du juge des tutelles : c'est le cas des ventes d'immeuble ou des transactions avec une compagnie d'assurances sur le montant d'une indemnité due à leur enfant à la suite d'un accident subi par ce dernier (art. L. 211-15 C. assurances).

Enfin, les parents sont comptables de leur gestion : ils doivent rendre à leur enfant, dans les trois mois de sa majorité, les comptes de l'administration légale.

Lorsque l'autorité parentale est exercée par un seul parent, ce qui est le cas pour les enfants orphelins, ou encore parfois après le divorce ou la séparation des parents, l'administration légale est dévolue à ce parent. Mais elle est alors sous contrôle judiciaire : c'est-à-dire que tous les actes graves nécessitent l'accord du juge des tutelles.

Pour rémunérer leur administration, les administrateurs légaux ont le droit de jouissance légale des biens de leurs enfants : c'est-à-dire qu'ils peuvent encaisser ses revenus et les dépenser pour leurs propres besoins, après avoir, toutefois, satisfait ceux de l'enfant (art. 383 C. civ.). Certains biens, tels les salaires des enfants, sont néanmoins exclus de cette jouissance légale. Et la jouissance légale s'éteint lorsque l'enfant atteint seize ans (art. 384 C. civ.).

Enfin, lorsque aucun parent ne peut exercer l'administration légale, parce qu'ils sont décédés ou inconnus, ou que l'autorité parentale leur a été retirée, ou encore qu'ils ont fait preuve de leur incompétence en tant que gestionnaire, le juge des tutelles désigne un conseil de famille qui élira un tuteur. Le tuteur représentera l'enfant pour les actes courants. Il devra se munir de l'autorisation du conseil de famille pour les actes graves. Mais, le plus souvent, il s'agit de familles déshéritées ou disloquées où l'organisation de la tutelle est impossible. La tutelle est alors déférée à l'État en la personne du préfet. Concrètement, elle sera exercée par un délégué de tutelle qui sera souvent le directeur de l'établissement où l'enfant est placé. Et il y a encore un autre régime, également administratif, pour la tutelle des pupilles de l'État ! Notons enfin qu'il est possible de dissocier la tutelle à la personne (qui est à peu près l'équivalent de l'autorité parentale) de la tutelle aux biens et de les confier à des personnes différentes. L'enchevêtrement entre règles civiles et administratives est parfois complexe.

D'après une enquête auprès de l'ensemble des juges des tutelles de France, ces dispositions relatives à l'administration légale des biens des mineurs seraient en partie inappliquées. Ainsi est-il fréquent, lorsqu'un parent décède, que l'inventaire des biens dévolus à l'enfant ne soit pas fait. Il est encore beaucoup plus courant que des parents transigent avec une compagnie d'assurances au nom de leur enfant sans l'autorisation du juge des tutelles. Enfin, les comptes d'administration légale ne sont pas toujours réclamés ni rendus[1]. Ces

1. Enquête réalisée par M. Thierry Fossier en 1990 (citée au Colloque du LERADP, *L'enfant, la famille et l'argent,* Paris, LGDJ, 1991).

dysfonctionnements proviennent de ce que les parents ne perçoivent pas très bien la différence entre leur patrimoine et celui de leur enfant, ni l'articulation, il est vrai assez subtile, entre leur devoir d'entretenir l'enfant et leur droit de jouissance légale sur ses biens.

2. **L'autonomie progressive de l'adolescent.** – Qu'un enfant proche de la majorité ne se gouverne et ne se traite pas comme un bébé est une évidence. Encore faut-il la traduire en termes de droit.

La loi du 4 mars 2002 est timidement entrée dans cette voie en prescrivant, à l'article 371-1 du Code civil, que « les parents associent l'enfant aux décisions qui le concernent, selon son âge et son degré de maturité ». Cette innovation a été diversement appréciée, jugée inutile ou dangereuse selon les commentateurs. Elle nous paraît pourtant exprimer le moins mal possible cette dynamique évolutive qui constitue une éducation réussie.

Notre système juridique connaît une procédure par laquelle un jeune peut se voir reconnaître la capacité juridique avant l'âge normal de la majorité : c'est l'émancipation. Mais cette solution extrême reproduit, à un âge encore plus tendre, la dialectique du « tout ou rien » qui n'est pas forcément la plus adaptée aux nécessités concrètes. Il serait mieux venu de reconnaître à l'adolescent une capacité progressive, c'est-à-dire de prévoir des « paliers » l'amenant par étapes à la pleine capacité. Le droit français n'ignore pas ce genre de dynamique, mais force est de reconnaître que les dispositions législatives sont dispersées, lacunaires et, parfois, incohérentes.

A) *L'émancipation.* Elle a deux sources : l'émancipation légale vise les mineurs qui se marient. L'émancipation judiciaire est prononcée par le juge des tutelles à la demande d'au moins l'un de ses parents.

1 / *L'émancipation par mariage* est assez rare : les hommes et depuis 2006 les femmes, ne peuvent pas, sauf autorisation du procureur de la République se marier avant l'âge de dix-huit ans, c'est-à-dire avant leur majorité.

Dans ces situations exceptionnelles, le législateur a considéré que le mariage était incompatible avec l'autorité que les parents auraient continué d'exercer sur le conjoint mineur, et l'on ne peut que l'approuver.

La difficulté actuelle concerne plutôt les mineurs qui ont eux-mêmes des enfants sans être mariés. En pratique, il s'agit des jeunes mères qui sont titulaires de l'autorité parentale sur leur bébé, alors qu'elles sont encore sous celle de leurs propres parents. Il y a là une sorte de cascade d'incapacités qui peut être source de difficultés. Nous verrons que certains actes peuvent d'ailleurs être effectués par les parents mineurs sans l'intervention de leurs propres parents (*infra,* B).

2 / *L'émancipation par décision du juge des tutelles* à la demande des parents est moins rare. Elle suppose que l'enfant ait atteint l'âge de seize ans au moins. Le juge prononce l'émancipation s'il estime qu'il y a « de justes motifs » : ceux-ci peuvent être le souci de faciliter le partage d'une succession échue au mineur, mais aussi une demande d'organisme locatif refusant de louer un appartement à un mineur, ou même le désir des parents d'échapper à leur responsabilité civile lorsque le mineur est délinquant[1].

L'« intérêt supérieur » de l'enfant ne devrait-il pas être le seul critère de l'émancipation ?

L'émancipation n'assimile pas totalement l'enfant à un majeur : il lui demeure interdit de se marier et d'être adopté sans l'autorisation parentale, ainsi que d'être commerçant.

La place de l'enfant dans la procédure d'émancipation est très réduite, ce qui est logique si l'on songe que l'émancipation a longtemps été considérée exclusivement comme une prérogative de l'autorité parentale. Ce n'est que depuis la loi du 8 janvier 1993 que l'enfant doit être entendu par le juge ! À l'heure actuelle, il n'est absolument pas possible à un enfant de demander lui-même à être émancipé (contrairement à ce que beaucoup pensent). Néanmoins, le juge

1. V. F. Vauvillé, *La pratique de l'émancipation judiciaire*, *D,* 1990, p. 283.

saisi d'une demande d'émancipation de l'enfant convoque parfois les parents afin de voir si ceux-ci n'accepteraient pas de reformuler en leur nom la demande exprimée par leur enfant.

Il faudrait absolument permettre à l'enfant de demander à être émancipé. On a également suggéré que les effets de l'émancipation soient modulables, selon les circonstances, de manière à éviter l'actuelle dialectique du « tout ou rien » qui aboutit à donner aux enfants une capacité allant parfois largement au-delà des besoins résultant de leur situation, ce qui peut les priver inopportunément d'une protection encore utile.

B) *La capacité progressive de l'adolescent.* – Elle est d'ores et déjà reconnue par le droit, mais mériterait d'être élargie et mieux organisée.

1 / *Une certaine capacité* est reconnue de manière générale par l'article 389-3 du Code civil, déjà évoqué. Ce texte ne rend pas inutiles pour autant des dispositions législatives plus précises, en particulier pour les droits à caractère personnel.

*a* / L'article 389-3 du Code civil permet à l'enfant mineur de contracter seul « dans les cas où la loi ou l'usage autorise le mineur à agir lui-même ». Ce qui est important est la référence à l'usage, qui permet au droit d'être en harmonie constante avec les pratiques. L'ouverture de la règle lui confère un caractère évolutif particulièrement utile dans le monde fort changeant des jeunes. Ainsi ce texte a-t-il permis la participation de jeunes à des associations, tout au moins en tant que membres. En revanche, leur nomination comme membres du « bureau » n'a pas paru permise par l'usage.

L'inconvénient de cette solution est de ne pas assurer parfaitement la sécurité des cocontractants des jeunes : comment, en effet, savoir si un tribunal saisi d'un éventuel litige admettra l'existence d'un usage permettant au jeune d'agir seul ? Aussi observe-t-on des domaines d'incertitude ou même de blocage.

Par exemple, le régime juridique du contrat de travail passé par un mineur est inadéquat. On admet généralement que l'« usage » autorise le mineur à conclure seul un contrat de travail, et à percevoir lui-même son salaire. Mais on ne peut en déduire que les parents perdent le droit de représenter leur enfant. Ils conservent donc le droit d'interdire à l'enfant de s'embaucher, et d'exiger que l'employeur leur remette son salaire ! En effet, si les parents n'ont pas la jouissance légale des salaires de leur enfant, ils en ont l'administration légale.

Un autre aspect de la question doit être souligné : c'est que les enfants n'ont pas à donner leur accord lorsqu'ils sont embauchés, sauf exception (cas des artistes, p. ex.).

Malgré ce que pourrait laisser croire la publicité, les banques sont extrêmement prudentes dans leurs relations avec leur jeune clientèle à défaut de savoir avec précision quelles sont les opérations autorisées par l'« usage ». Elles demandent généralement que les parents s'engagent, sauf si les modalités de fonctionnement du compte sont telles qu'il ne peut pas devenir débiteur (compte sans chéquier fonctionnant avec une carte dite « locale »).

*b* / Devant ces incertitudes et insuffisances, le législateur a prévu des dispositions donnant *plus de liberté au mineur pour contracter ou disposer de ses biens,* ou pour contrôler l'usage qui en est fait.

Ainsi, les salariés mineurs qui ont un procès seront autorisés par le conseil de prud'hommes à agir seuls devant lui s'ils ne peuvent pas être assistés de leur père, mère ou tuteur (Article L. 1453-1 C. Trav.).

Le Code monétaire et financier (Article L. 221-3) permet aux mineurs d'ouvrir eux-mêmes leur livret « A » : sur ce livret, les parents ne pourront pas opérer de retrait. En revanche, le mineur pourra gérer librement son livret dès seize ans, sauf opposition des parents. La loi du 12 avril 1996 créant le « livret jeunes » a prévu un système analogue, le « jeune » ayant le droit d'opérer des retraits si les parents l'y ont autorisé de douze à seize ans, et sous réserve d'opposition de leur part de seize à dix-huit ans.

On peut encore citer l'article 904 du Code civil qui permet à un mineur âgé de plus de seize ans de léguer par testament la moitié des biens dont il pourrait disposer s'il était majeur.

Le mineur de seize ans peut également provoquer une réunion du conseil de famille (art. 410 C. civ.). Dans cette hypothèse, sa présence à la réunion sera de droit, mais avec voix purement consultative. Les autres mesures prises pour associer le mineur à la gestion de ses biens sont purement facultatives : ainsi le tuteur peut-il communiquer les comptes de tutelle au mineur âgé de plus de seize ans (art. 470 C. civ.), mais ce n'est absolument pas une obligation. De même, le jeune peut assister aux réunions du conseil de famille, si le juge des tutelles le juge utile, mais sans voix délibérative (art. 415 C. civ.). On remarque que ces modestes dispositions ne concernent aucunement l'administration légale. Il serait pourtant normal que l'enfant en âge de comprendre soit mis au courant des actes passés sur ses biens. On améliorerait ainsi son éducation, en facilitant la prise en main de son autonomie financière le jour de ses dix-huit ans, et on respecterait son droit de savoir.

De façon générale, on peut regretter que ces mesures n'aient pas un champ d'application plus large : que, par exemple, le régime des livrets d'épargne n'ait pas été étendu aux comptes de dépôt, etc.

*c* / En ce qui concerne sa *personne,* les droits de l'enfant sont plus importants. Un certain nombre de textes de loi prévoient en effet qu'il ait à donner son accord pour certaines décisions le concernant, ou même qu'il puisse agir seul.

• Dans certains cas, la loi exige le *consentement commun* du mineur et de ses parents. Il est parfois présenté comme une décision des parents à laquelle l'enfant doit donner son accord, parfois comme une démarche de l'enfant assisté de ses parents. En réalité, peu importe qui est à l'initiative de l'opération : il faut, dans tous les cas, réunir l'accord des parents et de l'enfant sur un projet commun.

Ainsi demande-t-on le consentement de l'enfant de plus de treize ans à son adoption (art. 345 C. civ.) ou à son changement de nom (art. 61-3 C. civ.).

On retrouvait le même schéma d'accord commun des parents et du mineur dans le cas du mariage : le mineur ne pouvait pas se marier sans le consentement de ses parents, mais les parents n'avaient pas le droit de marier leur enfant sans son accord. Depuis la loi du 4 avril 2006, il n'y a plus en principe de possibilité de mariage de mineur[1].

C'est encore le consentement de l'intéressé(e) et des titulaires de l'autorité parentale qui est exigé pour les prélèvements d'organes et les prélèvements sanguins sur un mineur (lorsqu'ils sont permis par la loi). Le Code pénal prévoit de lourdes peines à l'encontre du médecin qui ne respecterait pas le refus du mineur, et des parents qui l'y inciteraient.

On admet que ce consentement commun du mineur et de ses parents est nécessaire dans tous les contrats portant sur les droits de la personnalité du mineur : par exemple, droit à l'image[2], droit d'auteur, etc. C'est également le principe en matière de soins médicaux. L'article L. 1111-2 du Code de la Santé publique prescrit d'informer l'enfant et de s'assurer de son consentement. Mais, tout au moins en principe, l'accord des parents est aussi requis, à tout le moins pour les thérapeutiques qui ne sont ni bénignes ni urgentes.

• Dans d'autres cas, enfin, l'enfant mineur a reçu du législateur ou de la jurisprudence le *droit d'agir seul,* malgré sa minorité. L'un des domaines les plus sensibles est celui de la sexualité et de la procréation. Il est admis depuis fort longtemps que les mineurs exercent en toute liberté certaines de leurs responsabilités de parents. Ainsi peuvent-ils reconnaître librement leur enfant, et les jeunes mères peuvent même agir seules en recherche de paternité (art. 328 C. civ.). De même peuvent-elles accoucher anonymement[3] ou remettre leur enfant à l'ASE. Un pas supplémentaire a été franchi avec la possibilité donnée aux mineures d'avoir accès librement et gratuitement à la contraception (art. 4 loi du 28 décembre 1967) en s'adressant à un centre de planning familial.

Après de longs débats, la loi du 4 juillet 2001 a permis aux jeunes femmes mineures de recourir à une IVG

1. Le souci de protection du consentement des jeunes filles a, en définitive, entraîné un relèvement de l'âge légal au mariage.

2. V. Cass. 1re civ., 27 mars 1990, *Bull. civ.,* I, n° 72.

3. V. Cass. 1re civ., 5 novembre 1996, *JCP,* 1997, II, 22749.

sans autorisation parentale. Dans ce cas, elles doivent être accompagnées par une personne majeure de leur choix. Pour éviter les difficultés tenant à ce que les mineures ne bénéficient de l'assurance-maladie que du chef de leurs parents, la Sécurité sociale prend en charge financièrement l'IVG. D'autre part, la délivrance de la « pilule du lendemain » a été facilitée, en particulier par le canal des infirmières scolaires.

Par la suite, la loi du 4 mars 2002 a repris la même procédure pour tous les traitements médicaux que les mineurs ne souhaitent pas dévoiler à leurs parents.

Dans tous les cas, la loi énonce que le médecin doit tenter de convaincre le mineur de se confier à ses parents, mais cette prescription est assez platonique.

Les mineurs ont également le droit de saisir eux-mêmes le juge des enfants d'une demande d'assistance éducative (art. 375 C. civ.). L'hypothèse n'est pas théorique, les adolescents saisissant assez souvent le juge d'une demande de placement pour fuir un foyer familial devenu insupportable, notamment pour éviter un mariage forcé ou obtenir le droit de poursuivre leur scolarité.

Enfin, la loi du 22 juillet 1993 a permis aux jeunes de plus de seize ans de procéder seuls à toute manifestation de volonté en matière de nationalité.

D'autre part, un *document de circulation pour étranger mineur* peut, dans certains cas, être délivré à un enfant dont les parents n'ont pas de titre de séjour. C'est l'amorce d'un droit autonome au séjour pour les enfants étrangers vivant en France[1].

• Des carences subsistent néanmoins.

Ainsi, lorsque les parents sont d'accord, l'enfant ne peut contester aucune de leurs décisions, si nocive soit-elle (v. le chap. II sur l'autorité parentale) : la seule « soupape de sécurité » est l'assistance éducative, dont ce n'est pas la finalité normale. Surtout, on peut critiquer le principe

1. V. D. 99-179 du 10 mars 1999.

d'absence de possibilité pour un mineur de contester les décisions parentales, même aberrantes.

Il faut bien reconnaître que les structures juridiques actuelles – représentation du mineur et autorité parentale – se conjuguent pour paralyser l'exercice personnel de ses droits.

2 / *Un véritable statut de la prémajorité a été proposé*[1]. Il consisterait en ce que le jeune de plus de seize ans déciderait lui-même librement de tout ce qui le concerne, les parents conservant un droit d'opposition lorsque le projet de l'enfant leur paraît gravement préjudiciable à son intérêt supérieur. Si l'enfant désirait lever cette opposition, il lui serait possible de saisir le juge aux affaires familiales.

Ce statut de la prémajorité aurait des prolongements en droit des obligations, et en droit bancaire : un droit au compte bancaire serait reconnu aux mineurs, avec délivrance d'un chéquier dont les formules ne devraient pas dépasser un certain montant. Seraient également définies les conditions du droit d'association des jeunes. Enfin, la prémajorité permettrait au jeune salarié d'exercer pleinement ses fonctions, de percevoir lui-même et de gérer librement son salaire, etc.

3. **Le droit d'expression de l'enfant en justice.** – Étant juridiquement incapable, l'enfant ne peut pas saisir la justice ni être partie à un procès. Ce sont ses représentants légaux qui exercent en son nom ses droits et actions. À cette règle de principe existent quelques exceptions : la plus importante est la faculté qu'a le mineur de saisir le *juge des enfants* s'il est en danger. Il peut également être autorisé à agir devant le conseil des prud'hommes s'il est salarié.

Dans les hypothèses où les intérêts de l'enfant sont contraires à ceux de ses parents, il peut parfois être partie à un procès par l'intermédiaire d'un *administrateur ad hoc,* chargé de le représenter : c'est le cas lorsque ses parents sont

1. Dans le rapport du secrétaire d'État à la Famille, *Affirmer et promouvoir les droits de l'enfant,* 1993.

poursuivis pénalement pour maltraitance. Mais cette nomination devait naguère encore être provoquée par les parents (!), le ministère public ou le juge lui-même.

La convention de l'ONU reconnaît à l'enfant un droit général d'être entendu dans toute procédure administrative ou judiciaire le concernant (art. 12), qui a été renforcé par la convention européenne sur l'exercice des droits par les enfants de 1996. De nombreux tribunaux ont été confrontés à des interventions d'enfants dans des procès, en particulier lors du divorce de leurs parents (v. *infra*). La loi a donc réglementé ce droit d'expression judiciaire de l'enfant (art. 388-1 C. civ.), dont le régime a été précisé par un décret du 20 mai 2009.

L'enfant doté de discernement *peut être entendu dans toute procédure judiciaire le concernant*[1]. S'il en fait la demande, le juge ne peut plus refuser. Lors de cette audition, il a le droit d'être assisté d'un avocat ou d'une personne de son choix. Les frais d'avocat sont pris en charge par l'aide juridictionnelle. Mais cette audition demeure marginalisée dans le procès, elle peut être confiée à une personne désignée par le juge ; l'enfant n'est pas partie au litige : il ne peut donc pas faire appel de la décision si elle ne lui convient pas (comme il lui est interdit d'agir lui-même en justice). Par ailleurs, l'audition ne fait l'objet d'aucun procès-verbal, mais d'un simple « compte rendu » dressé par le juge « dans le respect de l'intérêt de l'enfant » (art. 338-12 C. Proc. civ.).

Cependant, la Cour de cassation exige, lorsqu'il y a eu audition de l'enfant, que les magistrats tiennent compte des sentiments exprimés par l'enfant[2].

Par ailleurs, l'enfant a désormais le droit de demander que lui soit nommé un administrateur *ad hoc* qui doit de toute façon être désigné à l'initiative du juge si ses intérêts sont en opposition avec ceux de ses parents.

1. Il ne s'agit pas forcément de litiges familiaux : un enfant est déjà intervenu dans une procédure d'expulsion, Versailles, 4 déc. 1992, *GP*, 1993, 3-4 mars.

2. Civ. 2e, 20 novembre 1996, *D*, 1997, 192.

L'« administrateur *ad hoc* » est indispensable dans notre système judiciaire si l'enfant est partie au procès (au sens que la technique juridique donne à ce terme : par exemple si l'enfant est partie civile dans un procès pénal). Les premières années d'application de la loi de 1993 ont, d'autre part, montré les vertus et les limites de l'administrateur *ad hoc*. D'une part, les tribunaux ont veillé jalousement à ce que l'enfant ait un représentant personnel dans toutes les hypothèses où ses intérêts n'étaient pas identiques à ceux de ses parents : ainsi, par exemple, dans un litige entre le père biologique et un couple délégataire de l'autorité parentale[1]. Mais, en revanche, on ne relève pratiquement aucune désignation effectuée à la demande de l'enfant, et il n'est pas possible, par ce biais, que l'enfant devienne partie à la procédure, intente une action ou interjette appel.

On peut cependant regretter que l'audition de l'enfant puisse toujours être refusée sans recours par le juge, lorsqu'il estime de façon souveraine que l'enfant n'est pas doté de discernement, ou que la procédure en cours ne le concerne pas, et déplorer que l'enfant ne puisse toujours pas saisir lui-même un tribunal.

Il est possible que ce système évolue en raison de la signature par la France de la convention européenne sur l'exercice des droits par les enfants, du 25 janvier 1996. Cette convention impose aux parties de réévaluer périodiquement la liste des droits procéduraux pouvant être ouverts aux enfants, et d'examiner la possibilité de leur conférer la qualité de partie à certains types de litiges. Entrée en vigueur le 1er janvier 2009, elle a justifié l'élaboration du décret du 20 mai 2009, qui a maintenu l'impossibilité de toute espèce de recours de l'enfant contre les décisions judiciaires.

La critique de la situation actuelle se fait d'autant plus vive qu'il existe d'autres systèmes juridiques ne présentant pas ces difficultés. Ainsi, par exemple, la Cour européenne des droits de l'homme peut être saisie par des incapables. Et il est déjà arrivé que des mineurs la saisissent de litiges les opposant à leurs parents, ces derniers se voyant reprocher des atteintes aux libertés fondamentales de leurs enfants.

1. Cass. 1re civ., 23 février 1999, *Bull.*, nº 66.

L'exemple est d'autant plus instructif que la jurisprudence de cette haute instance montre que la faculté donnée aux enfants de saisir un tribunal n'entraîne pas nécessairement une atteinte aux droits d'autorité parentale. Ainsi, une jeune fille de quatorze ans ayant fugué avec son ami avait intenté un recours parce qu'elle avait été reconduite par la police chez ses parents : il fut jugé que la jeunesse de cette mineure et son besoin de protection physique et morale justifiaient la décision des parents[1].

On touche là un autre aspect de la question qui est le degré de liberté personnelle des mineurs. Mais, lorsqu'un jeune souhaite pratiquer une religion librement choisie (ou ne pas pratiquer...), choisir ses ami(e)s de l'un et de l'autre sexe, avoir des relations affectives ou sexuelles, lorsqu'il revendique un droit à la vie privée, à voir sa correspondance respectée... dans toutes ces hypothèses, ce qui est en cause n'est pas l'incapacité du mineur, mais l'autorité qu'exercent sur lui ses parents. C'est dire l'emprise de la famille sur le jeune, que nous allons étudier maintenant.

1. Décision du 19 décembre 1984, Req. 6753/74.

# CHAPITRE II

# L'ENFANT DANS SA FAMILLE

L'enfant en bas âge est inséré dans une famille qui assure l'essentiel de ses besoins aussi bien matériels qu'éducatifs et affectifs. L'enfant a besoin de sa famille. Peut-on pour autant dire qu'il existe un droit juridiquement reconnu à une famille ? C'est ce que nous verrons dans une première section.

Au sein de cette famille, la situation de l'enfant doit être précisément définie. Est passé le temps de la *patria potestas* qui donnait au *pater familias* tous les droits sur ses enfants, y compris ceux de vie et de mort. L'enfant a des droits dans sa famille, que nous verrons dans une seconde section.

## I. – L'enfant a-t-il droit à une famille ?

Répondre à cette question implique de distinguer selon la situation de l'enfant, laquelle entraîne des différences dans son statut juridique. On peut sérier les problèmes selon qu'ils concernent la famille par le sang ou une éventuelle famille d'accueil. Il faudra enfin voir dans quelle mesure l'enfant a le droit de vivre dans sa famille.

1. **L'enfant et sa famille par le sang.** – Actuellement, le droit de l'enfant à voir reconnaître des liens juridiques avec ses parents par le sang est beaucoup mieux assuré lorsque ses parents sont mariés que dans le cas contraire. Ce n'est pas tout à fait illogique : le mariage est une union qui contient promesse d'avoir et d'élever des enfants, ce qu'exprime l'article 203 du Code civil. Rien de semblable n'existe lorsque

les parents ne sont pas mariés, même s'ils vivent ensemble. Cette différence est néanmoins contraire à l'article 2 de la convention de l'ONU, de même qu'à la convention européenne des droits de l'homme (art. 8), qui prohibent expressément les discriminations entre les enfants fondées sur le « statut juridique » des parents. L'ordonnance du 4 juillet 2005 réformant le droit de la filiation a tenté d'unifier la filiation et de ne plus distinguer les enfants « légitimes » des « naturels ». Reste cependant que le mariage des parents continue de créer une situation plus favorable pour l'enfant.

A) L'enfant dont les parents sont mariés était autrefois dit « légitime ». Cette dénomination est supprimée, mais il a toujours sa filiation établie par l'acte de naissance mentionnant le nom de sa mère et du mari de celle-ci, qui est considéré comme son père (c'est ce que les juristes appellent la présomption de paternité du mari : art. 312 C. civ.). Aucune démarche n'est exigée de la part des parents. Même si ce n'est pas le père, mais la maternité qui déclare l'enfant à l'état civil, sa filiation est établie.

Cependant, la mère peut demander que son nom seul soit mentionné dans l'acte de naissance : dans ce cas, si l'enfant n'a pas de « possession d'état » à l'égard du mari, c'est-à-dire si ce dernier ne se comporte pas comme son père, l'enfant n'aura qu'une filiation maternelle (en fait adultérine).

Depuis l'entrée en vigueur de l'ordonnance, les diverses actions en justice concernant la filiation légitime sont supprimées, et remplacées par l'action en contestation de filiation commune aux enfants nés en et hors mariage. Il faut signaler un changement d'importance : jusqu'alors, l'article 322 du Code civil interdisait de contester la filiation d'un enfant légitime ayant la possession d'état à l'égard du mari de sa mère, ce qui interdisait à l'amant de faire valoir une éventuelle paternité. Depuis le 1er juillet 2006, c'est seulement au bout de cinq années de possession d'état que la filiation à l'égard du mari ne pourra plus être contestée ni par la mère ni par son amant.

Ce délai de cinq ans est également opposable à l'enfant : s'il a été élevé par le mari de sa mère pendant cette durée, il ne pourra jamais faire établir sa « véritable » filiation paternelle.

Il existe aussi une action en justice qui permet à l'enfant de faire rétablir sa filiation à l'égard du mari de sa mère lorsque la présomption de paternité a été paralysée par le fait que l'enfant avait été déclaré sous le seul nom de sa mère, sans mention du mari. Devenu majeur, il pourra soit prouver qu'il a la « possession d'état » à l'égard du mari de sa mère (c'est-à-dire que celui-ci l'a élevé), soit établir par expertise biologique la paternité du mari de la mère. Cette action est ouverte pendant dix ans à compter de sa majorité.

Il faut enfin noter que l'ordonnance permet au mari de reconnaître l'enfant de son épouse si la filiation n'est pas établie par l'acte de naissance. Cette nouveauté est tout à fait favorable à l'enfant, dont elle favorise la filiation.

B) *Les enfants dont les parents ne sont pas mariés étaient dits « naturels ».* À leur égard, les règles demeurent différentes. Relevons tout d'abord que la filiation concernant deux personnes mariées s'établit simultanément à l'égard des deux parents. Au contraire, à défaut de mariage, la filiation est « divisible », c'est-à-dire qu'il faut deux actes distincts, l'un pour la filiation maternelle, l'autre pour la filiation paternelle.

Il n'est pas toujours permis d'établir la filiation d'un enfant. Jusqu'à la loi du 3 janvier 1972, il était interdit d'établir une filiation adultérine, tout au moins à l'égard du parent marié. Cette règle était d'application absolue pour les hommes mariés. En revanche, les enfants nés d'une femme mariée et désavoués par le mari de leur mère conservaient leur filiation maternelle. Cette règle a disparu en 1972 et les enfants adultérins nés avant cette date ont pu et peuvent encore faire établir leur filiation. Mais les enfants adultérins ont continué jusqu'en 2001 de subir des restrictions dans leurs droits successoraux : s'ils venaient « en concours » avec des frères et sœurs légitimes ou le conjoint bafoué, ils n'avaient droit qu'à une demi-part d'héritage. Cette règle a disparu car la France a été condamnée par la Cour européenne des droits de l'homme, dans un arrêt du 1er février 2000 (affaire *Mazurek*), en raison de ce traitement discriminatoire. Une loi du 3 décembre 2001 l'a donc abrogée.

Il demeure encore impossible de faire reconnaître juridiquement certaines filiations incestueuses. Si l'enfant est né d'un père et de sa fille ou d'un frère et de sa sœur, il n'est permis d'établir qu'un seul lien de filiation. On justifie cette règle par le fait que l'établissement de la filiation incestueuse ne serait guère avantageux pour l'enfant, le « scandale » de sa naissance devenant ainsi public. Pourtant d'autres pays tel le Brésil ont levé cette interdiction. En France, cette réforme n'est pas envisagée. Bien au contraire, l'ordonnance du 4 juillet 2005 a renforcé l'interdiction d'établir les filiations incestueuses en prohibant aussi l'adoption de l'enfant né d'un inceste.

1 / Le mode normal d'établissement de la filiation hors mariage est la reconnaissance. C'est un acte fait par chaque parent, devant un officier d'état civil (ou un notaire), dans lequel il déclare solennellement que tel enfant est le sien. Elle peut être faite à tout moment, dès avant la naissance ou après, sans limitation de délai. Il arrive parfois que des personnes soient reconnues alors qu'elles sont déjà adultes, voire âgées. La reconnaissance est strictement individuelle : on ne demande l'avis ni de l'enfant reconnu ni de l'autre parent. Aussi certaines mères essaient-elles de cacher au père la date exacte et l'endroit de la naissance, afin qu'il ne puisse pas reconnaître l'enfant.

Traditionnellement, la mère ou le père naturel devait reconnaître l'enfant si il ou elle voulait qu'il lui soit officiellement rattaché. D'ailleurs, les mères l'apprenaient généralement assez vite : environ 99,8 % des enfants naturels étaient reconnus par leur mère, dont 95 % dans l'année de leur naissance. Celle-ci recevait alors un livret de famille lui permettant de justifier de sa qualité de mère et de l'identité de l'enfant pour l'inscrire à l'école, lui établir des documents d'identité, etc.

Néanmoins, pour respecter l'égalité des sexes et en application de la jurisprudence de la Cour européenne des droits de l'homme de Strasbourg, l'ordonnance du 4 juillet 2005 a décidé que l'acte de naissance établirait désormais la filiation maternelle à l'égard des femmes non mariées. Cette nouvelle règle a été déclarée applicable à tous les actes de naissance antérieurs par un arrêt de la Cour de cassation du 14 février 2006. Mais les mères continuent de pouvoir reconnaître leur enfant avant la naissance, ce qui peut être utile notamment pour déterminer le nom de l'enfant.

Quant aux pères non mariés, ils sont de plus en plus nombreux à reconnaître leurs enfants. Le « congé de paternité » créé en 2002 a encore augmenté cette proportion.

Il est enfin intéressant de remarquer qu'un nombre croissant d'enfants sont reconnus dès avant leur naissance, par leur mère, par leur père, ou par les deux ensemble.

La reconnaissance peut être contestée si elle n'est pas conforme à la vérité, par toute personne intéressée, en particulier la mère, l'enfant et... l'auteur de la reconnaissance lui-même. Une reconnaissance fausse effectuée en connaissance de cause signifie que son auteur avait décidé sciemment d'élever comme sien un enfant qui n'était pas de lui : c'est une forme de famille d'accueil (v. B).

Les autres modes d'établissement de la filiation hors mariage sont donc tout à fait résiduels, et ne concernent que des hypothèses « pathologiques ».

2 / Le second mode d'établissement de la filiation est la *possession d'état.*

La loi du 3 janvier 1972 avait prévu que l'acte de naissance portant le nom de la mère vaudrait reconnaissance, s'il était corroboré par la possession d'état (art. 337 C. civ.). Puis une loi du 25 juin 1982 vint décider que la possession d'état, seule, suffirait à établir la filiation des enfants nés hors mariage aussi bien à l'égard de leur père que de leur mère. On rappelle que la possession d'état est le fait que l'enfant ait été traité comme tel par ses parents. Cette règle a été reprise par l'ordonnance de juillet 2005.

La possession d'état est surtout utilisée dans les procès successoraux : il arrive qu'une personne décède sans avoir reconnu un enfant, bien qu'elle l'ait toujours traité comme tel. Cela se produit surtout pour des enfants adultérins, qui ne pouvaient pas être reconnus avant 1972, et ne l'ont pas toujours été après, souvent par ignorance de la loi nouvelle. Elle est également utile en cas de naissance posthume, car elle permet d'établir la filiation paternelle lorsque le défunt s'était comporté comme le futur père de l'enfant à naître.

3 / Enfin, il existe aussi des *actions judiciaires en recherche de filiation.*

À cet égard, il convient de distinguer les filiations maternelle et paternelle.

La recherche de la maternité obéit à des règles assez restrictives. Elle ne peut concerner que des enfants qui n'ont pas été élevés par leur mère (puisque, sinon, ils ont une possession d'état qui établit leur filiation) et n'ont cependant pas été adoptés ; autant dire qu'elle est rarissime. Elle sera peut-être plus fréquente dans l'avenir, la loi du 16 janvier 2009 ayant levé l'interdiction d'exercer cette action lorsque la mère a demandé le secret de l'accouchement.

En revanche, plus fréquente et plus intéressante est l'action en recherche de paternité.

L'article 340 du Code civil, dans sa rédaction antérieure à 1993, était l'héritier direct d'une époque où, d'une part, les preuves médicales de la paternité n'existaient guère et, d'autre part, les hommes mariés des classes bourgeoises qui siégeaient aux assemblées législatives avaient une véritable terreur de voir des « intrigantes sans vertu ni vergogne » venir leur imputer la paternité d'enfants ramassés on ne sait où ! Par conséquent, il existait une série de « cas d'ouverture » dans lesquels la mère ou l'enfant devait se trouver avant même que l'on ne puisse examiner l'éventuelle paternité du défendeur. Ils étaient au nombre de cinq : la promesse de mariage (avant les relations sexuelles...), le viol ou l'enlèvement, le concubinage, l'aveu non équivoque de paternité, et le fait de s'être comporté comme père de l'enfant, né ou à naître.

L'inconvénient de ce système était évident : même s'il était certain que le père était celui que la mère désignait, la justice refusait de proclamer le lien de filiation en l'absence de l'un des cinq cas.

Une fois établi le « cas d'ouverture », il restait encore à prouver le lien biologique de filiation : dans cette perspective, le père prétendu avait souvent recours à une expertise médicale qui pouvait prouver sa non-paternité, mais aussi (parfois à l'encontre de ce qu'il attendait)... sa paternité ! Enfin, la filiation n'était pas établie si la mère se livrait à la « débauche », ou si elle avait eu « commerce avec un autre individu ». Ces dispositions qui faisaient dépendre la filiation de l'enfant d'un jugement moral porté sur la conduite de la mère étaient objet de critiques, car elles permettaient aux défendeurs de jeter la suspicion sur la conduite de la mère, parfois même en suscitant de faux témoignages.

Tirant les conséquences logiques des progrès de la biologie, la loi du 8 janvier 1993, puis l'ordonnance du 4 juillet 2005 ont *supprimé les cas d'ouverture* de l'action en recherche de paternité de même que les « fins de non-recevoir » tirées de la débauche de la mère.

La preuve biologique peut désormais être recherchée, dans des conditions de certitude quasi absolue. Le « droit » de l'enfant à voir sa filiation biologique juridiquement reconnue est désormais consacré. La loi du 6 août 2004 a cependant interdit les expertises génétiques sur les personnes décédées, mais cette restriction est contraire à la jurisprudence de la Cour européenne des droits de l'homme de Strasbourg[1] et devra un jour être levée.

Lorsque la filiation n'est pas proclamée, mais qu'elle paraît probable, le tribunal peut allouer à l'enfant une pension alimentaire (ou subsides). C'est notamment possible pour les enfants nés de relations incestueuses.

C) Critiques et prospective. – Malgré la modernisation de l'action en recherche de paternité, le droit français ne reconnaît pas encore pleinement le droit de l'enfant né hors mariage à voir sa filiation reconnue. En effet, il faut, en principe, une manifestation de volonté du père qui s'exprime par la reconnaissance ou la possession d'état pour que l'enfant leur soit rattaché, alors que l'acte de naissance suffit pour les enfants nés en mariage.

Cette construction est cohérente : pour l'enfant né en mariage, il n'est pas besoin de reconnaissance expresse, parce que le mariage des parents en tient lieu. L'homme qui épouse une femme reconnaît d'avance les enfants qu'elle aura. La volonté s'exprime d'avance, en cas de mariage, alors qu'elle se manifeste au moment ou après la naissance pour les parents non mariés.

Avant de critiquer ou de proposer d'autres formules, il faut cependant bien remarquer que la législation actuelle,

1. Arrêt Jäggi/ Suisse du 13 juillet 2006.

en pratique, ne porte guère de préjudice aux enfants nés hors mariage. La meilleure preuve en est que la plupart sont reconnus. La possession d'état permet de « rattraper » les cas où des parents n'auraient pas reconnu les enfants, bien qu'ils y soient attachés.

La critique de la situation actuelle est donc uniquement fondée sur des principes. Ceux-ci sont au nombre de deux : le principe du droit de l'enfant à voir sa filiation biologique juridiquement reconnue et le principe de non-discrimination entre les enfants ou entre les parents.

Sur le premier point, remarquons que la convention de l'ONU ne prévoit le droit de l'enfant à connaître ses parents et à être élevé par eux que « dans la mesure du possible ». Or les frontières de ce « possible » ne sont-elles pas tracées par la volonté des parents et par le respect de leur vie privée ? Que signifie un lien de filiation non corroboré par une certaine affection ? Disons que la variété des réponses que l'on peut entendre à cette question explique les hésitations législatives.

Au regard du principe de non-discrimination, au contraire, un relatif consensus s'est établi autour de l'idée que l'acte de naissance doit avoir le même rôle pour les enfants nés de parents mariés ou non, ce qui a été fait en 2005. Encore la question se complique-t-elle dès que l'on approfondit tant soit peu le débat. Car ce qui a été réalisé est d'établir par l'acte de naissance la filiation maternelle en application de l'ancien adage : *Mater semper certa est.* Mais il n'est aucunement question de procéder à la même avancée en faveur du père : les craintes plus ou moins fantasmatiques de voir la mère indiquer tel père qui lui conviendrait (riche et marié évidemment...) à l'état civil sont encore bien vivaces dans les esprits au moins masculins. On se retrouve alors en face de trois inconvénients :

- le premier est que l'égalité entre enfants nés en et hors mariage progresse, sans cependant devenir totale ;
- le deuxième tient à l'égalité des parents, manifestement méconnue par le système proposé. L'effet automatique de

l'acte de naissance à l'égard de la filiation maternelle va directement à l'encontre de la volonté politique de favoriser les démarches volontaires conjointes qui inscrivent l'enfant dans un projet parental commun, même lorsque les parents ne sont pas mariés ;
- le troisième est la nécessité de repenser le système d'attribution du nom, afin d'éviter que l'établissement de la filiation maternelle en premier lieu n'aboutisse dans tous les cas à ce que l'enfant porte le nom maternel, alors qu'il paraît souhaitable, pour de multiples raisons, que l'enfant puisse porter le nom de son père.

Ces remarques expliquent que la faculté pour les mères non mariées de reconnaître leur enfant ait été conservée, ce qui permet de sauvegarder la pratique des reconnaissances prénatales conjointes. Au total, on remarque cependant que les règles relatives au nom favorisent l'attribution du nom du père aux enfants nés en mariage et celle du nom de la mère aux enfants nés hors mariage.

2. **L'enfant dans sa famille d'accueil.** – Nous entendons par « familles d'accueil » toutes les familles dans lesquelles l'un au moins des parents n'est pas géniteur de l'enfant. Au premier chef, il s'agit des *familles adoptives* ; mais il faut aussi évoquer les *reconnaissances de complaisance* ainsi que, de façon plus novatrice, les familles résultant de l'*assistance médicale à la procréation,* licite ou non.

A) *L'adoption.* – C'est le moyen légal pour établir un lien de filiation juridique sans aucun rapport avec la réalité biologique. Elle résulte nécessairement d'un jugement, prononcé par le tribunal de grande instance, qui doit vérifier sa conformité à l'intérêt de l'enfant. Elle peut être prononcée au bénéfice d'un célibataire, ou d'un couple marié, mais pas de deux concubins, *a fortiori* de même sexe.

En droit français, il existe deux sortes d'adoption : l'adoption plénière, qui rompt tous les liens entre l'enfant et sa famille d'origine, et l'assimile totalement à un enfant légitime, et l'adoption simple, qui laisse subsister une partie des liens entre l'enfant et sa famille par le sang. Ainsi, l'enfant adopté simplement portera à la fois son nom de famille et celui de ses parents adoptifs.

Les problèmes posés par l'adoption sont très différents selon qu'il s'agit d'enfants abandonnés recueillis par un couple stérile ou d'enfants appartenant déjà à la famille.

1 / *Dans l'adoption d'un enfant abandonné,* les difficultés proviennent des tiraillements entre la famille par le sang et la famille qui souhaite adopter l'enfant. La loi prévoit plusieurs hypothèses dans lesquelles l'enfant est adoptable :

– Le ou les parents peuvent expressément consentir à l'adoption en remettant leur enfant à l'Aide sociale à l'enfance ou à une œuvre agréée. Un délai de deux mois, pendant lequel les parents peuvent rétracter leur consentement, est alors prévu. Cette procédure est impérative pour les enfants de moins de deux ans : pour éviter les trafics d'enfants, la remise directe de l'enfant à la famille adoptive n'est pas permise, ce qui est parfois critiqué.

Le ou les adoptants doivent être agréés par l'Aide sociale à l'enfance, qui s'assure de la qualité de l'accueil réservé à l'enfant. Cet agrément est souvent refusé aux demandeurs homosexuels, qu'ils vivent isolés ou en couple. La Cour européenne de sauvegarde des droits de l'homme, saisie d'un recours pour ce motif, a jugé qu'il y a là une discrimination illicite[1].

Par ailleurs, il existe des hypothèses de fausses déclarations de naissance imputant à une femme un enfant né d'une autre : ces pratiques sont pénalement punissables d'amende et d'emprisonnement[2].

Passé le délai de rétractation, l'enfant sera « placé en vue de l'adoption » et ne pourra pas être restitué, même s'il est ensuite reconnu par son père (art. 352 C. civ.).

– En revanche, la situation est beaucoup plus confuse pour les enfants qui sont déclarés adoptables parce que

1. Aff. E.B./France, 22 janvier 2008, nº 43546/02.
2. Crim. 12 janv. 2000, *Rev. jur. pers. et fam.*, 2000, p. 26.

abandonnés en fait. La loi exige un abandon continu d'au moins un an avant le début de la procédure d'adoption. De multiples et réitérées réformes de l'article 350 C. civ. (sept depuis 1966 !) montrent qu'il est difficile de trouver un critère permettant de sauvegarder les droits de l'enfant à être élevé par sa famille biologique si cela est possible, ainsi d'ailleurs que les droits de cette dernière, sans retarder la déclaration d'abandon jusqu'à un moment où il sera devenu impossible de construire un projet d'adoption pour l'enfant. Trop souvent, lorsque l'abandon est caractérisé *en droit* l'enfant est devenu trop âgé pour être adoptable *en fait*.

Ce type d'adoption est actuellement en crise : il y a à peu près dix fois plus de demandes d'adoption que d'enfants adoptables. Qu'il y ait moins d'enfants abandonnés (en raison des progrès de la contraception et de la licéité de l'IVG) est, en soi, une bonne chose. Mais les parents potentiels suggèrent divers assouplissements législatifs : par exemple, permettre la remise directe de l'enfant par ses parents biologiques à la famille adoptive, actuellement interdite pour les enfants de moins de deux ans ; ou encore organiser l'adoption prénatale. Enfin, beaucoup voudraient voir élargir la notion d'enfant abandonné.

Ces sollicitations n'ont pas été entendues. Selon une formule célèbre, l'adoption est destinée à donner une famille à un enfant qui n'en a pas, et non pas un enfant à une famille qui n'en a pas : c'est-à-dire que la pression de la demande d'adoptions n'est pas en soi un motif pour augmenter le nombre d'enfants adoptables.

Par ailleurs, le désir de conserver leurs enfants est l'un des rares ressorts psychologiques susceptibles d'aider des familles défavorisées à s'arracher à leur stratégie d'échec. Il serait donc gravissime de leur enlever cette richesse pour la transférer au profit de familles plus aisées. Aussi tente-t-on de maintenir les enfants dans leur famille d'origine, tant que cela est compatible avec leur intérêt.

Une énième réforme de l'article 350 du Code civil, destinée à donner à tous les enfants abandonnés par leur famille une chance d'être adoptés est néanmoins en préparation.

Beaucoup de parents adoptifs se tournent alors vers l'adoption étrangère, qui est le siège de nombreuses difficultés. Les unes sont juridiques : il est difficile de combiner le système juridique du pays où est né l'enfant et celui du pays où il est accueilli. Les autres sont psychologiques et tiennent au déracinement de l'enfant. L'aspect financier ne peut être passé sous silence : l'existence d'une demande crée un marché. L'enfant adoptable a un coût et est l'occasion de profits, ce qui peut induire des pratiques très douteuses. Il y a, enfin, un aspect géopolitique : les pays du Tiers-monde acceptent de plus en plus mal de se voir ainsi « acheter » leurs enfants, même si les conditions économiques locales rendent leurs chances d'éducation, voire de survie, assez aléatoires. La convention de l'ONU sur les droits de l'enfant est globalement assez hostile à l'adoption internationale d'enfants, qu'elle autorise seulement si l'enfant ne peut pas être élevé convenablement dans son propre pays, à condition de lui donner les mêmes garanties que s'il était adopté dans ce pays d'origine, et sans que cela permette des « profits indus » pour les intermédiaires (art. 21).

La convention de La Haye du 29 mai 1993, ratifiée par la France en 1998, met en œuvre ces principes. Elle prévoit que chaque pays signataire crée un organisme qui est seul habilité à instruire et mettre en œuvre les procédures d'adoption transnationales : l'adoption effectuée individuellement sans passer par ces organismes devient illégale. Mais, par hypothèse, la convention ne résout les difficultés qu'à l'égard des pays signataires. Les pays « laxistes », comme ceux qui interdisent l'adoption (pays musulmans), ne la signent pas et continuent de poser de délicats problèmes juridiques.

Après quelques difficultés courant 1999 et 2000, amenant une quasi-interruption des adoptions d'enfants en provenance du Vietnam, la loi du 6 février 2001 est venue donner un cadre plus précis aux adoptions internationales. Concernant les enfants étrangers dont la loi nationale ignore l'adoption (pays musulmans), elle a précisé qu'ils ne sont pas adoptables, sauf s'ils sont nés et résident habituellement en France.

Le contrôle sur les organismes autorisés pour l'adoption, dont le rôle est important en matière d'adoption internationale a été renforcé.

La loi du 4 juillet 2005 a créé l'Agence française de l'adoption dont l'intervention est obligatoire. Une prochaine réforme devrait la rendre plus efficace.

Reste que les adoptions directes d'enfants recueillis et adoptés à l'étranger sont toujours possibles, notamment dans les pays non signataires de la convention de La Haye, et que ce sont elles qui posent les plus graves problèmes juridiques, lorsque les tribunaux français saisis d'une demande de conversion de l'adoption étrangère en adoption française constatent des pratiques douteuses.

Par ailleurs, le développement de l'adoption internationale a posé un problème nouveau : l'échec d'adoption. La loi prévoit, en ce cas, non pas la révocation de l'adoption, mais la possibilité d'une seconde adoption, simple cette fois.

2 / L'adoption d'enfants appartenant déjà à la famille concerne surtout l'adoption par un conjoint des enfants que l'autre a pu avoir de son côté, avant ou même pendant le mariage. Le Code civil favorise ces adoptions en assouplissant les conditions d'âge et de durée du mariage (v. art. 343-2 et 344 C. civ.). L'intérêt de cette procédure est de mieux intégrer l'enfant dans le foyer qui l'élève, et d'uniformiser son statut par rapport à celui de ses demi-frères et sœurs. Pourtant, à l'expérience, se sont révélés des inconvénients, dont le plus grave est le risque de couper l'enfant de ses grands-parents par le sang. Ainsi, en cas d'adoption d'un enfant orphelin de père par le nouveau mari de la mère, les grands-parents, après avoir perdu leur fils, perdent aussi leur petit-fils, qui ne porte plus leur nom et n'est plus leur héritier. Il advient aussi qu'un mari adopte l'enfant de sa nouvelle épouse alors qu'il se désintéresse totalement de ses propres enfants, ce qui est fort mal ressenti par les intéressés. C'est pourquoi la loi ne permet plus l'adoption plénière de l'enfant du conjoint que dans des cas limitativement énumérés par l'article 345-1 du Code civil : enfant non reconnu par son autre parent, orphelin sans grands-parents, ou dont l'autre parent s'est vu retirer totalement l'autorité parentale.

B) *Les reconnaissances et légitimations de complaisance.* – C'est la manière la plus ancienne et la plus simple d'accueillir un enfant. L'homme qui se marie ou, simplement, se met en ménage avec une femme ayant déjà un enfant le reconnaît afin de reconstituer l'apparence – et même la réalité – d'une famille « normale ». Ce procédé présente des avantages et des inconvénients. Lorsque la greffe « prend », le résultat est semblable à une adoption, et certains enfants ainsi légitimés sont élevés par leur « père » avec autant d'affection que ses propres enfants.

Mais il arrive aussi que le ménage ne dure pas. Au moment du divorce ou de la séparation, l'auteur de la reconnaissance, ou la mère, la conteste. Cette situation est extrêmement nuisible à l'enfant qui perd alors non seulement ses droits pécuniaires, mais aussi le nom sous lequel il était connu. Deux mesures ont été mises en place pour limiter, autant que possible, ces reconnaissances à éclipses. La première résulte de l'ordonnance du 4 juillet 2005 : la reconnaissance ne peut plus être contestée par son auteur lorsque l'enfant a bénéficié pendant cinq ans de la possession d'état à son égard (art. 333 C. civ.). Dix ans après la reconnaissance, il devient en tout état de cause impossible de la contester. La seconde est jurisprudentielle : la Cour de cassation décide qu'en reconnaissant faussement l'enfant, puis en faisant annuler la reconnaissance, le faux « père » cause à l'enfant un préjudice dont la juste réparation est le maintien de l'obligation d'entretenir l'enfant, malgré la disparition du lien juridique de paternité[1]. Mais cette sanction pécuniaire ne peut réparer le préjudice moral de l'enfant.

D'autre part, l'attitude de la mère, qui est souvent à l'origine à la fois de la reconnaissance mensongère et de sa destruction, n'est que très rarement et très peu sanctionnée.

C) *La filiation des enfants nés de procréations médicalement assistées.* – Nous l'envisageons uniquement dans le cadre des « familles d'accueil », car seules posent problème

1. Cass. 1re civ., 6 décembre 1988, *D*, 1989, J 317.

les hypothèses où la procréation s'est réalisée avec l'intervention d'un tiers extérieur au couple.

S'agissant de procréations « homologues », en effet, la filiation juridique est identique à la filiation biologique, et cela même si un détour de technique médicale est intervenu (par ex. : une fécondation *in vitro* aboutit à un enfant issu de l'ovule de sa mère et du sperme de son père juridiques). Le seul cas délicat serait celui de l'insémination ou de la réimplantation d'embryon *post mortem,* actuellement interdite par la loi, mais qui pourrait être autorisée lors de la révision des lois bioéthiques : il faudra alors déterminer les droits de cet enfant posthume à l'égard de son père.

On verra successivement le système juridique bâti par les lois des 29 juillet 1994 et 6 août 2004, puis les failles juridiques qui subsistent.

1 / Le régime juridique résultant des lois « bioéthiques » repose d'abord sur une définition stricte des personnes pouvant bénéficier d'une assistance médicale à la procréation : il doit s'agir de couples hétérosexuels dont les deux membres sont vivants, en âge de procréer, mariés ou vivant ensemble depuis au moins deux ans et non séparés. L'assistance médicale à la procréation doit être la thérapeutique d'une stérilité, ou destinée à éviter une maladie génétique grave. Elle ne peut être pratiquée que par des centres habilités.

La loi interdit les procédés qui feraient appel à deux gamètes étrangers au couple, sauf lorsqu'il y a « accueil » d'un embryon, provenant d'un autre couple qui ne peut ou ne veut pas l'utiliser. Dans ce dernier cas, le juge doit apprécier si le couple demandeur a les capacités éducatives garantissant l'avenir de l'enfant.

Le second pilier du système est le *consentement des deux membres du couple.* Dès lors que l'AMP fait appel à des gamètes étrangers au couple (don de sperme, don d'ovule ou accueil d'embryon), il doit être donné *devant le juge aux affaires familiales ou devant un notaire.*

La filiation de l'enfant est établie *comme toutes les filiations biologiques* : par l'acte d'état civil si les parents sont mariés, par reconnaissance dans le cas contraire.

*Le consentement valablement donné interdit en principe toute remise en cause de la filiation,* cela afin de « responsabiliser » les parents. On peut pourtant douter qu'il soit conforme à l'intérêt de l'enfant de maintenir une filiation juridique qui n'est sous-tendue ni par la biologie, ni par l'affection.

2 / Un certain nombre de failles existent cependant dans le dispositif légal. Certaines résultent de la loi elle-même. Ainsi est-il prévu que la filiation de l'enfant puisse être contestée si l'enfant est né d'un adultère et non pas de l'AMP.

Plus subtilement, le législateur a interdit de contester la filiation, mais n'a pas imposé son établissement. Ainsi demeure-t-il possible que la mère, mariée, fasse établir l'acte de naissance en mentionnant son nom de jeune fille, de telle sorte que la présomption de paternité ne joue pas. De même, le consentement à la procréation médicalement assistée demeurant un secret commun aux seuls parents, le « blocage » de la filiation ne jouera pas si tous deux s'entendent pour ne pas révéler aux tiers et au juge l'existence de l'AMP. Les « désaveux d'accord » demeurent donc parfaitement possibles.

La loi a, par ailleurs, subordonné la stabilisation de la filiation à l'existence d'un consentement régulier. Il demeure donc possible de contester la filiation si le consentement était irrégulier, par exemple, si le couple était déjà séparé lors de l'AMP.

Enfin, la loi n'a pas pris les moyens pour éviter absolument toute pratique illégale.

Ainsi l'illégalité de la maternité de substitution est-elle proclamée (art. 16-7 C. civ.), mais les sanctions pénales ne frappent que les intermédiaires éventuels, et non pas les protagonistes de l'opération. De même, des espèces jurisprudentielles attestent l'existence d'inséminations artificielles illégales au bénéfice de couples homosexuels.

Or l'enfant risque d'être la victime principale sinon unique de ces illégalités. Le meilleur exemple en est sans doute le cas des mères de substitution, puisque la seule sanction prise contre les parents est l'interdiction d'adopter l'enfant, laquelle frappe l'enfant autant sinon plus que les fautifs[1].

1. Ass. plén., 31 mai 1991, *D,* 1991, 417.

Une autre difficulté s'est élevée récemment à propos des deux jumelles nées de l'ovule donné à une Française, fécondé par le sperme de son mari et mises au monde par une mère porteuse américaine : la transcription sur les registres français de l'état-civil de l'acte de naissance américain fut refusée, motif pris de l'illégalité de cette pratique[1].

3. **Le droit de l'enfant de vivre dans sa famille.** – Ce droit n'est que rarement reconnu par la loi. Il est d'ailleurs symptomatique que la convention de l'ONU prévoit que les États veillent à ce que l'enfant ne soit pas séparé de ses parents contre leur gré (art. 9) : c'est donc la volonté des parents, et non celle de l'enfant, qui est prise en compte.

Le droit, pour les parents comme pour les enfants, d'avoir une vie familiale « normale », c'est-à-dire ensemble, également proclamé par la convention européenne des droits de l'homme (art. 8 et 12), inspire néanmoins un certain nombre de dispositions éparses dans divers textes, dont le sens commun est qu'il ne faut séparer les enfants de leurs parents que dans la stricte mesure de ce qui est indispensable pour le bien des enfants.

Ainsi, l'article 375-2 du Code civil, relatif à l'assistance éducative, dispose que, « chaque fois qu'il est possible », le mineur doit être maintenu dans son milieu familial.

De même, la loi du 6 juin 1984 décide que, sauf cas d'urgence, un « placement » d'enfant en difficulté ou en danger ne peut être décidé par l'Aide sociale à l'enfance sans l'accord des parents. En cas de refus de ceux-ci, seule une décision du juge des enfants peut passer outre.

Dans le même esprit, toute mesure de placement d'un enfant doit être périodiquement réexaminée (tous les ans pour les mesures administratives, tous les deux ans pour les judiciaires).

La consécration législative la plus importante du droit des enfants à vivre dans leur famille est le droit au regroupement familial. Conformément à la convention de l'ONU,

1. Cass. 1re civ., 17 décembre 2008, no 07.20.468.

et d'ailleurs bien avant son adoption, l'État français autorise l'entrée en France des enfants d'étrangers séjournant régulièrement en France. La matière est régie par une ordonnance du 2 novembre 1945 plusieurs fois modifiée, qui précise que ces enfants ont droit à un titre de séjour et de travail de même nature que celui de leur parent. De même, le parent étranger d'un enfant français a droit à un titre de résident s'il exerce sur lui l'autorité parentale.

Dans un contexte extrêmement tendu, la préservation des liens entre l'enfant et ses parents demeure l'un des grands axes de la politique de l'immigration, et c'est elle qui justifie la plupart des régularisations. C'est également pour ne pas séparer de sa mère un enfant en bas âge irrégulièrement entré en France que le Conseil d'État a rendu l'arrêt du 22 septembre 1997 déclarant la convention de l'ONU sur les droits de l'enfant directement applicable, paralysant ainsi l'application de la loi qui interdit d'utiliser la procédure de regroupement familial à l'égard de personnes déjà entrées en France.

Néanmoins certaines situations font obstacle à ce que le droit de l'enfant à vivre dans sa famille soit pleinement reconnu : ainsi, le droit français ne reconnaît plus depuis 1993 le droit au regroupement des familles polygames. Seuls les enfants de la première épouse peuvent donc vivre en France avec leurs deux parents.

Le droit des enfants à vivre dans leur famille est cependant mis en échec dans de nombreuses situations dont la plupart, d'ailleurs, résultent du comportement des parents.

Les plus fréquentes concernent les enfants dont les parents vivent séparés. Par la force des choses, l'enfant ne pourra vivre qu'avec l'un d'entre eux. Même si les parents décident d'une « résidence alternée » de l'enfant (v. *infra,* Section II), l'enfant ne pourra pas vivre avec ses deux parents, mais avec chacun successivement, ce qui est tout différent. Dans la majorité des cas, l'enfant habitera avec l'un de ses parents, n'ayant de contact avec l'autre qu'à l'occasion des fins de semaine et vacances scolaires. Le partage de l'autorité parentale entre les parents séparés n'a guère d'incidence sur la vie quotidienne de l'enfant.

Si la dispersion de la famille a une dimension internationale, les difficultés seront encore plus grandes. L'expérience montre que le droit de l'enfant à conserver des liens avec ses deux parents séparés est souvent compromis par l'incompréhension ou la mauvaise volonté des personnes et quelquefois même des États.

Cependant, la convention de l'ONU affirme le droit de l'enfant d'entretenir des contacts avec ses deux parents par-delà les frontières ; d'autre part, de nombreuses conventions bi- ou multilatérales ont pour but d'éviter les enlèvements d'enfants et d'assurer l'efficacité des décisions de justice déterminant « garde » et « droit de visite ».

L'une des plus souvent utilisées est la convention de La Haye, du 25 octobre 1980, qui tend à assurer un retour immédiat de l'enfant dans le pays où il avait sa résidence s'il en a été soustrait en violation d'une décision judiciaire de ce pays. Mais les tribunaux se laissent trop souvent convaincre du « danger » allégué par le parent rapteur en justification de son refus de restituer l'enfant.

Dans le cadre de l'Union européenne, le règlement dit Bruxelles II *bis,* applicable depuis le 1er mars 2005, prévoit une reconnaissance automatique des décisions judiciaires en matière de responsabilité parentale.

Enfin, la loi du 4 mars 2002 a également prévu diverses mesures destinées à prévenir ou à résoudre ces difficultés, comme la mention sur le passeport des parents de l'interdiction de faire sortir leur enfant hors du territoire français, ou la création de magistrats spécialisés dans les enlèvements illicites d'enfants à l'étranger.

## II. – Les droits de l'enfant dans sa famille

Par la force de la tradition, et aussi par la force des choses, les droits de l'enfant dans sa famille sont construits sur un mode asymétrique : « L'enfant, à tout âge, doit honneur et respect à ses père et mère » (art. 371 C. civ.). La loi du 4 mars 2002 qui a réformé l'autorité parentale a voulu conserver l'asymétrie et n'a pas bilatéralisé ce texte, comme certains le demandaient. Mais l'article 371-1 du Code civil précise : « L'autorité parentale est un ensemble de droits et de devoirs ayant pour finalité l'intérêt de l'enfant. Elle appartient aux père et mère (...), pour le protéger dans sa sécurité, sa santé et sa moralité, pour assurer son éducation et permettre son développement, dans le respect dû à sa personne. » Enfin, il est précisé que les parents doivent tous deux contribuer à l'entretien de l'enfant, selon leurs possibilités financières respectives. Il est important de redire que le seul fondement de l'autorité parentale est l'intérêt de l'enfant, et que le chapitre relatif à l'autorité parentale comprend aussi les sections relatives à l'assistance éducative, à la délégation et au retrait d'autorité parentale, qui réduisent ou suppriment l'autorité parentale lorsque les parents n'en usent pas conformément à sa finalité.

Nous souhaiterions cependant insister sur un aspect plus nouveau de la situation : sur la reconnaissance progressive d'une certaine autonomie à l'enfant, autonomie qui s'affirme nécessairement contre l'autorité des parents. Aussi verrons-nous d'abord l'enfant dépendant de sa famille, puis l'autonomie de l'enfant par rapport à sa famille.

1. **L'enfant dépendant de sa famille.** – La dépendance de l'enfant est d'abord économique, elle est aussi morale et éducative.

A) *La dépendance économique de l'enfant.* – Nous écartons ici volontairement la question des droits successoraux de l'enfant, qui ne concerne généralement que des « enfants » déjà eux-mêmes grands-parents. Relevons seulement que le système de la « réserve » héréditaire donne aux enfants un véritable droit sur le patrimoine de leurs parents, dont ceux-ci ne peuvent pas disposer en faveur d'autrui, sauf pour une petite partie.

Pour les jeunes, la dépendance économique s'inscrit dans le droit par l'obligation d'entretien que les parents assument vis-à-vis de leurs enfants. C'est plus qu'une simple obligation alimentaire : y sont compris non seulement les dépenses liées à la survie de l'enfant (nourriture, vêtements, logement), mais aussi tout ce qui est nécessaire pour son éducation, c'est-à-dire les frais d'études.

L'entretien est dû même si l'enfant manque à ses devoirs envers ses parents ; de plus, selon une jurisprudence constante confirmée par la loi du 4 mars 2002, l'obligation des parents ne s'arrête pas à la majorité de l'enfant, et ceux-ci doivent financer les études jusqu'à leur terme (v. l'article 371-2 du Code civil).

Les magistrats sont rigoureux avec les parents : ceux-ci ne peuvent pas choisir les études qu'ils doivent financer ; ils ne peuvent pas obliger les enfants majeurs à habiter chez eux pour réduire les frais ; ils sont tenus d'assumer aussi l'entretien éventuel du ménage de leur enfant, si celui-ci a jugé bon de se marier et d'avoir des enfants (dans ce cas, les frais sont partagés entre les deux familles). Les seules limites à cette obligation tiennent, d'une part, aux facultés contributives des parents et, d'autre part, à l'obligation imposée au jeune de travailler sérieusement et d'avoir des résultats raisonnablement satisfaisants. Enfin, lorsque les diplômes de l'enfant lui donnent la possibilité d'exercer le métier choisi, il doit entrer dans la vie active et ne peut rester un éternel étudiant[1].

L'obligation d'entretien pèse sans distinction sur les parents mariés ou non. En revanche, les grands-parents n'y sont pas tenus : ils ont seulement une obligation alimentaire à l'égard de leurs petits-enfants, qui est subsidiaire à celle des parents, c'est-à-dire qu'elle « prend le relais » lorsque les parents ne peuvent pas entretenir l'enfant.

Si les parents sont séparés ou divorcés, une pension alimentaire sera versée à l'autre par le parent chez qui l'enfant ne réside pas habituellement.

Les pensions sont fixées dans le jugement de divorce s'il y en a un, et par le juge aux affaires familiales dans les autres cas. Elles sont toujours révisables, suivant les ressources du débiteur et surtout les besoins de l'enfant. Toute convention à leur sujet entre les parents n'a de valeur juridique que si elle est agréée par le juge, car il s'agit des droits de l'enfant, dont les parents ne sont pas maîtres. Ainsi, lorsqu'une femme renonce, au moment du divorce, à demander une contribution

1. V. Hauser, *L'obligation d'entretien des jeunes majeurs,* Colloque du LERADP, Paris, LGDJ, 1991.

au père, cette renonciation n'ayant aucune valeur ne l'empêche pas, par la suite, de demander une pension.

Le non-paiement des pensions fait l'objet d'un contentieux considérable : on estime à 60 % le nombre de pensions impayées ou irrégulièrement versées. Pour remédier à cette situation, diverses mesures ont été prises : la première est la possibilité pour la mère de se faire payer directement la pension par l'employeur du père. Est également prévu le recouvrement des pensions par le Trésor public, avec une majoration de 10 %. Puis fut créé en 1982 un système de recouvrement des pensions alimentaires par les Caisses d'allocations familiales. Celles-ci versent à la mère une allocation dite « de soutien familial », en contrepartie de laquelle elles reçoivent à la fois le droit et la mission de procéder elles-mêmes au recouvrement des pensions sur les débiteurs récalcitrants.

Enfin, il existe une sanction pénale, le délit d'abandon de famille, puni dans le Code pénal (art. 227-3), de deux années d'emprisonnement et 15 000 euros d'amende au maximum.

L'expérience des CAF a mis en lumière un certain nombre de phénomènes insoupçonnés jusqu'alors, qui expliquent en partie le non-paiement ou l'inefficacité des moyens coercitifs : par exemple, il arrive que les CAF renoncent à recouvrer les pensions, eu égard aux très faibles ressources des pères. Des études sociologiques ont révélé que les pensions les plus faibles sont aussi les plus irrégulièrement payées. Les CAF ont aussi constaté que les mères refusent parfois d'utiliser les voies de droit, soit par crainte de représailles, soit par un reste d'affection[1].

Il faut admettre aussi le caractère intolérable que prend l'obligation de contribuer quand elle concerne un enfant avec lequel les liens affectifs sont rompus. Favoriser les contacts entre le père et ses enfants malgré la séparation est certainement aussi une manière de lutter contre le non-paiement des pensions : l'aspect pécuniaire des devoirs parentaux ne peut pas être dissocié des dimensions morales et éducatives.

B) *La dépendance éducative de l'enfant.* – À l'antique *puissance paternelle* a succédé en 1970 l'*autorité parentale*. Certains souhaiteraient remplacer cette expression par celle de *responsabilité parentale,* utilisée par certains instruments

1. V. Choquet, exposé au Colloque du LERADP, préc. Bien que relativement anciennes, ces constatations sont toujours d'actualité.

internationaux[1]. Mais le mot « responsabilité » a en droit français une connotation liée au préjudice et à sa réparation, bien trop étroite et négative pour englober l'ensemble de la relation parentale. Aussi la loi du 4 mars 2002 a-t-elle conservé l'expression d'*autorité parentale*.

En application de l'article 5 de la convention de l'ONU, L'article 371-1 du Code civil décrit cette autorité parentale comme « un ensemble de droits et de devoirs ayant pour finalité l'intérêt de l'enfant ». Un projet de loi devrait prochainement définir l'intérêt de l'enfant : « la prise en compte de ses besoins fondamentaux physiques, intellectuels, sociaux et affectifs ainsi que le respect de ses droits et la garantie de sa protection ».

1 / Même si la nouvelle définition de l'autorité parentale ne reprend plus l'énumération des droits de garde, d'éducation et de surveillance, cette trilogie classique permet de décrire l'essentiel des prérogatives parentales. La « garde » implique le droit de déterminer le domicile de l'enfant et aussi de l'autoriser – ou non – à se déplacer. Ainsi le titulaire de l'autorité parentale a-t-il seul pouvoir pour autoriser un enfant à sortir du territoire national. L'enfant ne peut pas quitter de son propre chef la maison familiale (art. 371-3 C. civ.) où il est domicilié de droit (art. 108-2 C. civ.). On peut aussi rattacher à la « garde » le droit qu'ont les parents de faire soigner leur enfant, d'autoriser des opérations chirurgicales, etc.

La « surveillance » se passe de commentaire, sauf à préciser que le droit français ne reconnaît à l'enfant aucun « droit au secret » par rapport à ses parents. À cet égard, la portée de l'article 16 de la convention de l'ONU, prévoyant le respect de la vie privée de l'enfant, est incertaine : il ne semble pas que l'exercice du droit de surveillance des parents soit l'une des « immixtions arbitraires » qu'elle interdit. Il est cependant proposé actuellement de donner plus de droits aux

1. L'expression *responsabilité parentale* est notamment utilisée par la recommandation du Conseil de l'Europe n° R (84)4 du 28 février 1984.

adolescents – par exemple, le droit au secret de la correspondance. En effet, à l'heure actuelle, le droit civil permet aux parents d'ouvrir la correspondance de leurs enfants[1], même si des instructions ministérielles prévoient que les services postaux ne doivent pas leur remettre le courrier de l'enfant.

Quant à l'« éducation », elle implique que les parents disposent de la liberté de leurs choix éducatifs : ce sont donc les parents qui veillent à l'orientation scolaire des enfants, choisissent les établissements laïcs ou confessionnels, inscrivent les enfants au catéchisme ou à l'école coranique, décident de la poursuite ou de l'arrêt des études. La seule limite à leur pouvoir est que cette éducation ne soit pas « gravement compromise » ou que l'enfant ne soit pas en « danger » : dans ces seuls cas, une mesure d'assistance éducative pourrait être prise par le juge des enfants. Le Code de l'éducation prévoit expressément qu'une telle mesure soit prise si les parents veulent contraindre un enfant de plus de seize ans à cesser sa scolarité contre son gré (art. L. 122-2).

À ces prérogatives quotidiennes, il ne faut pas oublier d'ajouter des actes graves, par lesquels d'ailleurs les parents abdiquent parfois l'autorité parentale : consentement à l'adoption, demande d'émancipation. Il faudrait encore évoquer le pouvoir de donner à l'enfant son nom et ses prénoms, de décider qu'il portera le « nom d'usage » de ses deux parents, etc.

La toute-puissance des parents connaît cependant des limites : ainsi, par exemple, ne peuvent-ils imposer certains actes graves tel le mariage, ni autoriser le prélèvement d'organes ou des essais thérapeutiques sur leur enfant (sauf dans les cas limitativement prévus par la loi). On remarque aussi dans les textes l'absence de « droit de correction » des parents. Les châtiments corporels ne sont nullement permis, mais seulement tolérés par la jurisprudence dans la seule mesure où ils ne causent à l'enfant aucun dommage physique ni moral.

1. V. Paris, 4 octobre 1990, *D*, 1991, J 286, note critique Garé.

La version passive de l'autorité parentale est la *responsabilité civile* des parents du fait des dommages causés par leurs enfants mineurs. Dans un souci de protection des victimes, la jurisprudence a renforcé l'automatisme de cette responsabilité. Après avoir décidé qu'en cas de séparation elle pèse sur le parent chez lequel l'enfant réside habituellement et sur lui seul, la Cour de cassation l'a récemment étendue aux tuteurs. Enfin et surtout, il n'est plus possible de s'en dégager en démontrant que le parent ou le tuteur n'a commis aucune faute[1]. De ce fait, la responsabilité de l'éducation d'un enfant est assimilée à un risque, qui n'est supportable et justifiable que parce qu'il est assurable.

2 / La détermination des *modalités d'exercice de l'autorité parentale* a fait l'objet d'une très importante réforme par la loi du 4 mars 2002.

*a)* Jusqu'alors, on distinguait les enfants légitimes, soumis en principe à un exercice conjoint de l'autorité parentale des deux parents, et les enfants naturels, qui n'en bénéficiaient qu'à certaines conditions.

Dans le dernier état de la législation, datant de 1993, pour que l'exercice de l'autorité parentale soit exercé par les deux parents non mariés ensemble, il fallait qu'ils vivent en concubinage au moment de la reconnaissance de l'enfant et attestent cette vie commune par un certificat délivré par le JAF ! Dans les autres cas, la mère avait l'exercice exclusif de cette autorité. La raison de cette règle était le souci de ne pas « bloquer » les mères isolées en les obligeant à saisir la justice pour pouvoir s'organiser après une éventuelle séparation (voire abandon).

D'autre part, le droit du divorce contenait de nombreuses dispositions réglementant l'exercice de l'autorité parentale après divorce, tandis que les règles relatives aux parents naturels séparés étaient relativement incomplètes. On appliquait donc le droit du divorce à des concubins !

*b)* La loi du 4 mars 2002 a voulu créer un même droit applicable à tous les enfants, quel que soit le statut juridique de leurs parents.

1. Cass. 2e civ., 19 février 1997, *D,* 1997, 265.

Désormais, les enfants sont soumis à l'exercice conjoint de l'autorité parentale dès lors que leurs deux liens de filiation ont été établis par voie non judiciaire dans l'année de leur naissance : ce qui vise les enfants nés en mariage ainsi que tous les enfants hors mariage reconnus par leurs parents avant l'âge d'un an. L'exercice unilatéral n'est donc plus prévu que pour les enfants reconnus tardivement par l'un des parents (souvent le père). Encore est-il possible en ce cas que l'exercice conjoint soit décidé par les parents d'un commun accord, ou ordonné par le juge à la demande d'un parent.

En cas de séparation, le principe de référence est l'accord des parents, qui peut être homologué par le juge, dans le cadre de la procédure de divorce ou d'une procédure autonome en cas de séparation de fait d'époux ou de séparation de concubins. À défaut d'accord, une médiation familiale est proposée. Une rencontre d'information avec un médiateur peut même être imposée en cas de litiges récurrents et répétés.

Normalement, l'exercice de l'autorité parentale demeure conjoint malgré la séparation. Le juge déterminera, selon l'accord des parents ou en tranchant leur désaccord, les modalités de la résidence de l'enfant. L'alternance de la résidence est désormais possible, sans être cependant une règle de principe. Sa périodicité n'est d'ailleurs pas forcément équivalente pour les deux parents.

Selon les domiciles des parents, leurs disponibilités professionnelles, les contraintes de leurs nouveaux conjoints, des solutions individualisées doivent être trouvées. Ainsi, par exemple, est tout à fait conforme au nouveau texte une organisation dans laquelle l'enfant réside avec son père du vendredi soir au dimanche, parce que sa mère travaille le week-end, tandis qu'il demeure avec sa mère pendant le reste de la semaine, son père exerçant son activité à ce moment-là.

Si l'alternance de la résidence n'est pas décidée, par exemple en cas d'éloignement géographique trop important, force est de déterminer une « résidence habituelle » de l'enfant. Dans ce cas, l'autre parent fait fixer un droit de visite et d'hébergement, afin d'éviter les difficultés. Il s'agit généralement d'un week-end sur deux et de la moitié des vacances, mais cette périodicité n'a rien de réglementaire.

L'exercice conjoint de l'autorité parentale nécessite par principe un accord des parents sur tous les aspects de la vie de l'enfant. Par commodité, les actes usuels accomplis par l'un d'entre eux sont réputés faits avec l'accord de l'autre, mais les actes graves nécessitent la participation des deux parents. En cas de séparation conflictuelle, la délimitation des actes « graves » ou « usuels » peut donner lieu à difficultés. Ainsi a-t-il été jugé que le port par l'enfant du « nom d'usage » composé du nom des deux parents est une décision grave ne pouvant être prise que d'un commun accord ou avec une autorisation judiciaire[1]. Une définition législative des actes graves et des actes usuels pourrait prochainement être donnée.

*c)* Si l'autorité parentale conjointe ne paraît pas possible, par exemple, parce que les parents sont trop hostiles l'un à l'autre, l'exercice de cette autorité sera dévolu à l'un des parents seul. Le seul critère de décision est alors l'intérêt de l'enfant. L'autre parent conserve l'autorité parentale, mais il n'en a plus l'exercice. Ainsi, le parent non « gardien » peut encore demander l'émancipation de l'enfant et doit toujours donner son accord pour une adoption ou une délégation d'autorité parentale. Surtout, il bénéficie des droits de visite et d'hébergement fixés par le jugement dont il ne pourrait être privé que pour « motifs graves » (art. 373-2-1 C. civ.). Concrètement, ce droit s'exerce le plus souvent un week-end sur deux et la moitié des vacances. On signalera d'un mot que le non-respect des mesures relatives à la « garde » et au droit de visite est constitutif du délit de non-représentation d'enfant (art. 227-7 C. pén.).

Mais le parent qui n'a plus l'exercice de l'autorité parentale ne peut plus gouverner l'enfant dans les démarches quotidiennes : il ne peut plus ni l'inscrire à l'école, ni lui faire établir un passeport, et il n'a pas à donner son accord à son orientation scolaire. Il doit seulement être informé des décisions concernant l'enfant, et il peut toujours agir auprès du juge aux affaires familiales pour contester telle ou telle

1. Cass. 1re civ., 3 mars 2009, n° 05-17.163.

mesure qui lui paraît inappropriée (arrêt des études, par exemple), voire pour demander un transfert à son profit de l'exercice de l'autorité parentale.

Bien évidemment, le parent non gardien doit quand même contribuer à l'entretien de l'enfant.

On constate, à l'expérience, que beaucoup de pères (car c'est d'eux qu'il s'agit) abandonnent l'exercice de leur droit de visite au bout d'un certain temps. Ce qui est très néfaste pour l'enfant, privé de référence paternelle. Aussi est-il parfois proposé de prévoir un « devoir de visite » à la place du « droit » actuel. Reste à savoir comment sanctionner son non-respect. Comment faire pour qu'un parent s'intéresse à son enfant ?

*d) Si les parents ne peuvent pas exercer l'autorité parentale,* parce qu'ils sont décédés, que cette autorité leur a été retirée, ou pour une autre raison, l'enfant sera confié à un tiers. Celui-ci exercera les fonctions de l'autorité parentale, mais n'en sera pas titulaire (art. 373-3, 375-7 C. civ.) : c'est une prérogative réservée aux parents. Selon les circonstances, il y aura ensuite une délégation de l'autorité parentale ou ouverture d'une tutelle.

On remarquera, pour terminer, qu'aucune règle de droit ne concerne le second conjoint ou le concubin du parent « gardien ». L'enfant est souvent élevé au sein d'une « famille recomposée » : de ce fait sociologique, très peu de conséquences juridiques sont aujourd'hui tirées. On a néanmoins vu le mari de la mère décédée se voir confier l'enfant de préférence au père. Le « beau-parent » pourrait éventuellement se voir déléguer l'autorité parentale, ce qui aboutirait à un exercice en commun avec le parent. Mais ce ne peut être décidé qu'à la demande des parents. En pratique, cela ne concerne que les enfants n'ayant qu'un seul lien de filiation établi, notamment élevés par ces couples homosexuels[1].

2. **L'autonomie de l'enfant par rapport à sa famille.** – Elle se traduit par des sphères de liberté, où l'enfant peut

1. Cass. 1re civ., 24 février 2006.

exercer des choix personnels, même contre la volonté de ses parents, et par un droit d'expression lui permettant de faire entendre sa voix dans les procès familiaux le concernant. Dans les deux perspectives, l'on peut dire que la situation actuelle est en retrait par rapport à la convention de l'ONU et que des réformes sont encore à prévoir.

A) *Les libertés individuelles de l'enfant.* – Il convient de rappeler d'abord les hypothèses où l'enfant est reconnu capable d'agir seul, sans être représenté par ses parents (v. chap. Ier, section II de ce « Que sais-je ? »). Quand un enfant achète seul une moto, ou perçoit lui-même son salaire, il échappe à l'autorité parentale.

Quelles sont, pour le surplus, les libertés du jeune ? L'examen du droit actuel est assez décevant.

L'enfant a tout d'abord le droit d'entretenir des relations personnelles avec des membres de sa famille autres que ses parents.

Chronologiquement, ce droit a d'abord été reconnu à l'égard des grands-parents et, plus largement, des ascendants (art. 371-4 C. civ.). En fait, la loi garantit autant sinon plus le droit des grands-parents que celui de l'enfant. Si les parents mettent obstacle à ces relations, ce sont les grands-parents qui, seuls, pourront saisir le juge, sans que l'enfant soit nécessairement entendu. Il faut relever la vision assez négative que les juges ont des grands-parents, souvent suspectés de vouloir s'emparer de l'enfant et de ne pas avoir de meilleures capacités éducatives que leurs propres enfants... Il y a là une source importante d'incompréhensions et de souffrances.

La loi du 30 décembre 1996, issue d'une proposition du Parlement des enfants, a ensuite inscrit dans le Code civil, à l'article 371-5, le droit pour l'enfant de ne pas être séparé de ses frères et sœurs, ou, à tout le moins, de voir ses relations avec eux organisées par le juge. Si l'inspiration de cette loi ne peut qu'être approuvée, force est de constater son imprécision et ses difficultés de mise en œuvre. Le regroupement de la fratrie est difficilement applicable aux familles recomposées comportant des demi-frères et sœurs : de plus, l'enfant mineur ne pouvant agir en justice, on ne voit pas qui pourrait saisir le juge afin qu'il organise les relations personnelles entre frères et sœurs.

Les autres relations familiales ou amicales que l'enfant pourrait entretenir ne bénéficient pas de la même faveur législative : sans doute d'autres personnes peuvent-elles obtenir des droits de correspondance et de visite, mais ce ne peut être qu'en fonction de l'intérêt de l'enfant (art. 371-4, 2e alinéa), et il leur faut d'abord demander l'autorisation du juge. Une loi sur le « statut du tiers » pourrait dans l'avenir ouvrir plus largement cette possibilité.

On affirme souvent qu'il existe une liberté sexuelle, qui commencerait à l'âge de quinze ans. Mais cette affirmation repose sur une interprétation erronée de la loi pénale. Sans doute les relations sexuelles entretenues avec un mineur consentant ne sont-elles punies que s'il est âgé de moins de quinze ans (art. 227-25 C. pén.). Cela ne veut pas dire pour autant que les parents n'aient pas le droit d'interdire ces relations pour les quinze – dix-huit ans : l'article 227-8 du Code pénal punit toujours le détournement de mineur, même si celui-ci était consentant.

Enfin, même si le mineur de plus de quinze ans y consent, les relations sexuelles qu'entretiendrait avec lui un ascendant ou une personne ayant autorité sur lui (concubin de la mère, enseignant...) peuvent être punies d'emprisonnement (jusqu'à cinq ans dans le Code pénal).

La liberté des enfants est donc extrêmement réduite et dépend, en définitive, du bon vouloir de leurs parents. Des propositions d'extension peuvent être faites par exemple à propos des opinions et des relations du mineur.

La liberté d'opinion est proclamée par l'article 14 de la convention de l'ONU, qui ajoute immédiatement et prudemment que les États respectent le droit des parents de guider l'enfant dans ses choix. La liberté d'opinion comprend au moins trois volets : les libertés politique, syndicale et religieuse. En France, la liberté syndicale est reconnue aux mineurs (s'ils travaillent) (v. chap. Ier). En revanche, ni la liberté politique ni la liberté religieuse ne le sont. La réserve du droit français, comme de la convention, s'explique par les dangers que des organismes autres que la famille pourraient représenter pour les enfants, en manœuvrant leur liberté pour les dresser contre leurs familles et leur faire épouser des causes contestables : en clair, il s'agit des totalitarismes politiques, des sectes, etc. Ainsi, à une époque où les parents de jeunes adultes se demandent comment lutter contre les sectes, il peut paraître pour le moins imprudent de donner aux mineurs la liberté religieuse ! Pourtant, le fait qu'un jeune adolescent se voie contraint à des pratiques rituelles qu'il répudie est également choquant. Peut-être devrait-on distinguer entre la contrainte positive (religion choisie par les parents) et la contrainte négative (religion interdite par ceux-ci), et admettre la seconde plus tardivement que la première ? Il faudrait aussi protéger les enfants en cas de conversion de leurs parents, surtout si celle-ci intervient alors qu'ils sont déjà adolescents[1].

Quant à la liberté de relations du mineur, rien de précis n'est dit dans la convention de l'ONU, qui envisage seulement les droits de réunion et d'association, lesquels concernent plutôt l'État que les familles (v. chap. III). Tout est donc à penser tant en ce qui concerne les relations amicales et amoureuses des adolescents, qu'à propos de leur liberté d'aller et de venir, inexistante en droit actuellement (sauf sous l'angle du Code de la route...).

B) *Le droit d'expression de l'enfant dans les litiges familiaux le concernant.* – Émergence de l'autonomie juridique de l'adolescent et bornes mises à l'autorité parentale sont les deux faces indissociables d'un même phénomène. Ainsi, entendre l'enfant dans les procédures d'émancipation, ou lui

1. L'un des rares arrêts rendus en cette matière est celui de la Cour de cassation (1re civ., 11 juin 1991, *D,* 1991, 521, note Malaurie) refusant à une adolescente de dix-sept ans le droit de devenir Témoin de Jéhovah, qu'elle demandait conjointement avec son père, mais contre sa mère. Il fut décidé que la jeune fille pouvait attendre sa majorité pour faire ce choix...

donner le droit de saisir le juge à cette fin, c'est à la fois faire émerger la capacité juridique du mineur et restreindre les prérogatives de l'autorité parentale.

La loi Malhuret de 1987 avait réalisé une avancée qui fut complétée mais aussi partiellement remise en cause par celle du 8 janvier 1993 puis par celle du 5 mars 2007.

1 / *La loi Malhuret* du 22 juillet 1987 avait imposé l'audition obligatoire des enfants de plus de treize ans par le juge du divorce. Les enfants de moins de treize ans pouvaient être entendus, si le juge l'estimait opportun. Cette mesure fut critiquée, à la fois par ceux qui estimaient qu'elle était excessive, et par ceux qui la jugeaient insuffisante.

On a dit la loi Malhuret excessive en raison de l'encombrement des tribunaux, et du peu de temps dont les juges disposent pour chaque divorce. Quant au fond, l'audition de l'enfant présenterait deux inconvénients graves : d'abord, le contact avec la justice risque d'être traumatisant pour les enfants, et ceci d'autant plus que les juges du divorce (à la différence des juges des enfants) n'ont reçu aucune formation. Ensuite, il serait néfaste pour l'enfant de devoir « choisir » entre ses parents, et la plupart des enfants préféreraient être tenus à l'écart des disputes parentales. En tout état de cause, il faudrait respecter le « droit au silence » de l'enfant.

Ces critiques expliquent la délicate mise en place de cette réforme. Ce n'est que peu à peu, et de façon différente selon les tribunaux, que l'audition de l'enfant est entrée dans les habitudes. Faute d'enquête suffisamment large sur la question, il est difficile de savoir dans quelle mesure la loi fut effectivement respectée. On peut avancer cependant que l'audition a eu lieu quasi systématiquement lorsque les parents en litige le demandaient, mais pratiquement jamais quand ils avaient trouvé des modalités d'exercice de l'autorité parentale qui leur convenaient à tous deux. Ce qui est logique mais ne préserve pas l'intérêt de l'enfant lorsque les parents décident d'un commun accord une solution qui ne lui convient pas.

Mais on a également jugé la loi Malhuret insuffisante, d'abord en raison de l'effet de « seuil » attaché à l'âge de treize ans, et surtout parce qu'elle ne visait pas les litiges entre parents non mariés.

Enfin, les modalités de l'audition, laissées dans l'ombre par la loi de 1987, ont dû être mises au point par la pratique. Pour éviter des « retombées » sur l'enfant, il n'est pas dressé de procès-verbal de son audition ou un procès-verbal « édulcoré »[1]. Dans certains tribunaux où existent déjà des avocats spécialisés dans la défense de l'enfant, ces derniers ont fait admettre que leur présence était au moins souhaitable, sinon indispensable : de fait, l'absence d'avocat pour l'enfant, alors que les parents en ont, créait une inégalité en sa défaveur. Aussi la réforme de 1987 a-t-elle servi, peut-être malgré elle, à faire avancer l'idée de l'« avocat d'enfant ».

La convention de l'ONU sur les droits de l'enfant étant entrée en vigueur entre-temps, l'exigence d'un droit d'expression général de l'enfant fut posée, que l'entrée en vigueur en 2009 de la convention européenne sur l'exercice des droits par les enfants rendit encore plus impérieuse :

2 / Une indispensable remise en ordre législative fut réalisée par *la loi du 8 janvier 1993, complétée par celle du 5 mars 2007 et par le décret du 20 mai 2009.*

L'*audition obligatoire des enfants de plus de treize ans a été supprimée.* Il s'agit là d'un recul objectif des droits de l'enfant, même si la loi antérieure n'était guère respectée.

Par ailleurs, l'enfant a reçu *le droit d'être entendu,* avec l'assistance d'un avocat ou d'une personne de son choix, *dans toute procédure judiciaire le concernant*[2], mais le juge peut toujours confier l'audition à un professionnel répondant aux critères définis par le décret de 2009. Ce droit ne bénéficie cependant qu'aux enfants « dotés de discernement » ce qui exclut les enfants trop jeunes. La loi de 2007 a maintenu la règle selon laquelle il n'existe aucune possibilité de contester

1. V. Vauvillé, Premier regard judiciaire sur la loi Malhuret, *D,* 1989, chr. p. 127.

2. Il ne s'agit pas forcément de litiges familiaux : v. *supra,* chap. 1, section 2.

un refus d'audition fondé sur l'absence de discernement de l'enfant.

Par ailleurs, être entendu ne veut pas forcément dire être écouté : le juge n'a nulle obligation de conformer sa décision à la volonté des enfants[1]. Mais il doit indiquer qu'il en a tenu compte[2].

3 / *Des avancées plus importantes ont été proposées.* Il faudrait revenir sur le refus de la qualité de partie au procès à l'enfant, qui lui enlève toute espèce de droit et de garantie procédurale. Ce refus a été justifié par le souci de ne pas faire peser sur l'enfant la responsabilité de la décision judiciaire. Il est douteux qu'une règle aussi technique ait des conséquences psychologiques aussi sensibles ! Le souci de parer aux manipulations de l'enfant par un parent (ou un tiers) est probablement plus sérieux. La nomination d'un administrateur *ad hoc* et celle d'un avocat de l'enfant auraient probablement permis d'éviter ces dangers. Mais les adultes étaient-ils prêts à partager le pouvoir dans l'instance avec l'enfant ?

En tout cas, il nous paraît infiniment dommage que l'on n'ait pas au moins consacré un droit autonome pour l'enfant : celui de saisir le juge d'une demande de modification d'autorité parentale[3]. Cette proposition a été inspirée par l'observation de besoins pratiques actuellement sans solution. Elle a été reprise par la Défenseure des enfants dans son rapport pour l'année 2005.

La raison de ce refus tient, selon nous, à l'importance beaucoup plus grande que l'on donnerait à la volonté de l'enfant en lui permettant non seulement d'être consulté à l'occasion d'un litige parental, mais aussi de saisir les tribunaux pour remettre en cause une politique choisie par des adultes. Pourtant, l'expérience de la saisine des juges des

1. Un arrêt de la Cour de cassation (11 octobre 1995, *D*, 1995, IR 232) a censuré une décision qui avait suspendu un droit de visite jusqu'à ce que les enfants acceptent sa reprise !

2. Cass. civ. 2e, 20 nov. 1996, *D*, 1997, 192.

3. V. Rapport au secrétaire d'État à la famille, précité. Cette possibilité existe en droit anglais : v. Pousson-Petit, ch., *RTD Comp.*, 1992, p. 806.

enfants par les mineurs dans le cadre de l'assistance éducative montre qu'elle fonctionne bien plus comme soupape de sûreté dans des situations de blocage conflictuel que comme sape de l'autorité parentale. Parler de l'assistance éducative, c'est introduire un troisième et important élément dans la construction des droits de l'enfant : l'État.

# CHAPITRE III

## LA PROTECTION DE L'ENFANT PAR L'ÉTAT

Envisager les relations entre l'enfant et l'État sous l'angle de la protection due par ce dernier est un choix qui laisse dans l'ombre les hypothèses où l'enfant pourrait avoir besoin de protection contre l'État. Heureusement, en France, ce genre d'hypothèse est rarissime. Tout au plus pourrait-on envisager à ce titre certaines insuffisances du droit pénal des mineurs, quelques empiétements des services de l'Assistance éducative sur les libertés de leurs usagers, ou encore une vision trop étroite de la liberté d'association vue par les proviseurs de lycée ! C'est pourquoi la France a pu ratifier sans états d'âme la convention l'ONU des droits de l'enfant, alors que les États-Unis ont refusé de le faire pour ne pas supprimer la peine de mort pour les enfants (art. 37 conv.), ni créer un enseignement primaire gratuit (art. 28 conv.), et tandis que d'autres États considèrent comme injustifiée son interdiction d'engager dans l'armée des enfants de moins de quinze ans (art. 38 conv.).

Toujours est-il que nous pouvons envisager la question avec une suffisante exhaustivité en voyant d'abord la protection générale de tous les enfants, puis la protection particulière des enfants menacés.

### I. – La protection générale de tous les enfants

Les deux principales missions de protection de l'État à l'égard des enfants sont, assurément, l'éducation et la santé. La protection de l'une et de l'autre justifie également une réglementation restrictive du travail des enfants. Mais on évoquera d'abord le « Défenseur des enfants » chargé de détecter et de signaler tous les cas où la protection de l'enfant est mise en défaut.

1. **Le Défenseur des enfants.** – C'est à l'imitation de pays étrangers, notamment nordiques, qu'a été créé, par une loi du 6 mars 2000, un « Défenseur des enfants ». Il a une double mission, à la fois de veille générale sur la situation des droits de l'enfant en France, et de réception de réclamations émanant de l'enfant lui-même, de ses représentants légaux ou d'associations de protection de l'enfance. Sa mission est essentiellement de conciliation et de proposition. Si les dysfonctionnements dénoncés proviennent d'une administration, il saisit le Médiateur de la République. Si des faits de maltraitance lui sont dévoilés, il transmet le signalement aux autorités compétentes. Par ailleurs, il formule publiquement des avis ou des recommandations destinés à faire cesser les empiétements ou atteintes aux droits de l'enfant émanant de personnes publiques ou privées. Des relais départementaux facilitent l'accès au Défenseur des enfants. Cependant, un projet de loi constitutionnelle tend à créer un « Défenseur des droits », dont les prérogatives engloberaient celles aujourd'hui exercées par le Médiateur de la République, mais aussi par le Défenseur des Enfants, qui dès lors disparaîtrait en tant qu'institution autonome. Il a suscité de vives protestations, mais n'est pas pour autant abandonné.

2. **L'État et l'éducation des enfants.** – L'État s'occupe de l'éducation des enfants sous plusieurs rapports : le premier et le plus important est l'organisation de l'éducation scolaire. La deuxième perspective, encore balbutiante, est l'éducation à la citoyenneté ; quant à la troisième, la protection de la moralité de l'enfant, elle s'exprime par des mesures disparates et parfois anachroniques.

A) *Le système scolaire.* – La fonction du système scolaire est complexe : instruction, certes, mais aussi plus largement éducation et socialisation de l'enfant. Devant les difficultés grandissantes des parents, surtout dans certains quartiers, l'Éducation nationale s'est vue sollicitée par des missions nouvelles, telles la détection de la maltraitance ou la prévention de la violence. Elle est alors partenaire d'autres acteurs. Sa mission spécifique demeure cependant la transmission des connaissances et la préparation de l'avenir professionnel des enfants.

On peut regrouper les rapports de l'enfant et du système scolaire autour de deux pôles : le droit de l'enfant à l'école et les droits de l'enfant dans l'école.

1 / *Le droit de l'enfant à l'école* est proclamé par le premier article du Code de l'éducation. Elle doit lui permettre de « développer sa personnalité, d'élever son niveau de formation initiale et continue, de s'insérer dans la vie sociale et professionnelle, d'exercer sa citoyenneté ». Le même Code prévoit aussi une éducation à des valeurs telles que l'égalité des sexes ou les droits de l'homme, selon une formule qui correspond à l'article 29 de la convention de l'ONU.

Le droit à la scolarité de l'enfant est rendu effectif par une obligation scolaire qui s'impose à la fois à l'enfant et à ses parents : cela afin d'éviter que certains enfants de milieux défavorisés ne soient privés de cette chance par l'incurie ou l'inconscience de leurs parents. La lutte contre l'absentéisme scolaire est actuellement considérée comme une priorité, pour prévenir l'échec scolaire mais aussi la délinquance. L'obligation scolaire s'étend de six à seize ans. Elle peut être assurée par un enseignement à domicile, mais sous contrôle de l'État. Elle peut aussi s'accomplir dès quatorze ans dans le cadre des formations d'apprentis juniors prévues par la loi du 31 mars 2006 pour l'égalité des chances (art. L. 337-3 C. éd.). Le non-respect de cette obligation entraîne déchéance du droit aux allocations familiales.

Cette règle ancienne était quasiment tombée en désuétude. Elle a récemment été remise en usage, dans le cadre de la lutte contre l'absentéisme scolaire, et fait partie des mesures qui peuvent être prises dans le cadre des « contrats de responsabilité parentale » institués par la loi du 31 mars 2006.

Le Code de l'éducation tend néanmoins à promouvoir une scolarité nettement plus longue et, surtout, plus « qualifiante » : d'une part, il est prévu que tout enfant qui le souhaite peut être accueilli à l'école dès l'âge de trois ans. D'autre part, tout élève qui n'a pas un niveau de formation reconnu à l'issue de la scolarité obligatoire doit pouvoir continuer sa scolarité jusqu'à ce qu'il l'obtienne...

Il n'entre pas dans le cadre de ce « Que sais-je ? » de décrire l'ensemble du système scolaire français. Nous mettrons simplement en lumière certains aspects qui nous paraissent importants pour les droits de l'enfant face à ce système.

L'école obligatoire est gratuite : il n'y a pas de frais d'inscription ni de scolarité, tout au moins dans les établissements publics. Jusqu'au niveau du collège, les livres (mais pas les cahiers ni les « fournitures scolaires ») sont fournis par les collectivités locales. À partir du lycée, la scolarité n'étant plus obligatoire, les livres sont à la charge de la famille. Au niveau de l'Université seulement apparaîtront les droits d'inscription. Des bourses d'études, l'allocation dite « de rentrée scolaire » et des allégements d'impôt aident les familles à supporter le coût de la scolarisation.

L'ensemble de la scolarité peut être poursuivi dans les établissements publics qui ont l'obligation d'accueillir les enfants résidant dans leur circonscription géographique. Par ailleurs, les enfants ne peuvent pas, en principe, aller dans un établissement public autre que celui prévu pour le lieu de résidence. C'est ce que l'on appelle la « carte scolaire ». Ce système rigide est destiné à éviter des phénomènes de fuite ou de surcharge d'établissements bien ou mal famés. Il présente aussi l'avantage d'assurer à tout enfant une place dans une école (parfois au prix d'une certaine surcharge...). Mais il n'est supportable que par la présence de deux échappatoires. D'abord, il demeure possible d'être accueilli dans un établissement public autre que celui du domicile pour divers motifs, qu'un récent (et contesté) desserrement de la « carte scolaire » a sensiblement élargis. Ensuite, et surtout, existent des établissements scolaires privés, confessionnels ou non. Ceux qui respectent les conditions légales peuvent bénéficier d'un « contrat » avec l'État qui prend alors à sa charge une partie des dépenses, en particulier les salaires des enseignants. Les frais de scolarité dans ces établissements sous contrat sont donc supportables. L'existence de ces établissements restitue aux familles une liberté de choix éducatif qui est ressentie comme indispensable par une bonne majorité de Français : nombreux sont ceux qui préfèrent l'école publique mais seraient mécontents qu'on la leur impose.

Les élèves élaborent leur projet d'orientation en fonction de leurs aspirations, de leurs capacités, et des perspectives d'insertion professionnelle, avec l'aide de leurs parents, des enseignants et de toute la collectivité éducative (art. L. 313-1 C. éd.). Si la nouvelle rédaction du texte met plus l'accent sur l'initiative de l'élève, et moins sur le rôle des familles, reste que, en application des règles de l'autorité parentale, c'est aux parents que revient la décision en dernier ressort. En cas de litige entre l'école et la famille, une procédure avec possibilité d'appel est prévue.

2 / *Les droits de l'enfant dans l'école* ont été renforcés. Ils sont énumérés dans le rapport au Premier ministre préalable au décret du 18 février 1991.

On peut évoquer les droits individuels et les droits collectifs.

*a)* Parmi les *droits individuels,* on peut citer le droit au respect de sa personne, de sa conscience et de ses biens, ainsi que le droit d'expression. Le principal est le droit au respect. Il ne signifie pas droit à l'insoumission : le fonctionnement harmonieux de l'école suppose une discipline appropriée. Un peu comme les parents, les instituteurs et professeurs sont dépositaires d'une autorité. La loi rappelle que les élèves doivent respecter les règles de fonctionnement et la vie collective de l'établissement. Mais cette autorité ne saurait s'exercer par n'importe quel moyen : hier généralement admis, les châtiments corporels, et toute forme de sanction dégradante ou humiliante, sont aujourd'hui proscrits. La Cour européenne des droits de l'homme a, d'ailleurs, fermement condamné l'Écosse, qui permettait naguère encore ces sanctions[1].

C'est le règlement de l'école qui prévoit ces sanctions, pouvant aller jusqu'à l'exclusion pour les cas les plus graves. La procédure disciplinaire est organisée par décret : l'élève peut être assisté d'une personne présentant sa défense, et la décision du conseil de discipline peut faire l'objet d'un recours à l'initiative des parents.

Le droit au respect des opinions et la liberté d'expression à l'école trouvent leur conciliation dans le principe de laïcité de l'école publique (art. L. 141-1 C. éd.). L'État respecte les consciences, il s'interdit d'orienter les opinions et croyances des enfants qui lui sont confiés, ce qui impose aux maîtres une obligation de réserve dans l'expression de leurs opinions, ainsi que le refus de tout prosélytisme (politique ou religieux). Cette laïcité a été l'enjeu de nombreux débats à l'occasion du port de voiles islamiques par de jeunes musulmanes à l'école. Après de nombreuses difficultés et des débats houleux, une loi du 15 mars 2004 a prohibé le port dans les écoles, collèges et lycées publics de signes manifestant ostensiblement une appartenance religieuse. Par ailleurs, aucune conviction religieuse, philosophique ou autre ne justifie qu'un enfant se soustraie à une partie de l'enseignement obligatoire[2].

Depuis un décret du 1er décembre 1998, un médiateur de l'Éducation nationale est chargé de trouver une issue aux réclamations des élèves et de leurs parents. Il est relayé par des médiateurs départementaux.

1. Dans deux arrêts des 25 février 1982 et 22 mars 1983.

2. Ainsi, un (grand) élève de Mathématiques supérieures ne saurait exiger une dispense permanente de présence aux examens hebdomadaires du samedi matin afin de pouvoir respecter le sabbat juif (CE, 14 avr. 1995, *D*, 1995, 481, note Koubi).

*b)* Au niveau des *droits collectifs,* on peut évoquer la participation aux organes décisionnels de l'école, les droits de réunion et d'association dans des activités parascolaires, et le droit d'expression collective.

L'intégration des enfants aux rouages décisionnels de l'école ne se fait que dans les écoles secondaires : collèges et lycées. Elle s'effectue par le truchement des délégués de classe, élus par les élèves. Ceux-ci siègent dans tous les organismes collectifs : conseils de classe, conseil de discipline, conseil de la vie lycéenne (ce dernier composé pour moitié d'élèves), etc., où ils ont un droit de vote égal à celui des adultes. Sans doute les délégués élèves sont-ils largement minoritaires ; de plus, eux seuls participent vraiment aux décisions, à l'exclusion de leurs électeurs. Néanmoins, c'est une véritable citoyenneté scolaire des élèves que traduit ce régime juridique.

Il existe aussi de nombreuses activités parascolaires. Les unes sont proposées par l'école, les autres peuvent résulter de l'initiative des enfants eux-mêmes. Assez paradoxalement, l'on ne retrouve pas en ce domaine la même autonomie des jeunes. Les raisons sont, comme toujours, l'incapacité juridique des mineurs et l'éventuelle responsabilité des enseignants ou du proviseur d'établissement.

Le droit d'association des enfants est proclamé dans la convention de l'ONU. De nombreuses associations sont créées dans les écoles, certaines étant même prévues par décrets et/ou circulaires : « foyer des élèves », association sportive, « clubs santé », etc. Qu'elles aient été suscitées par les enseignants ou initiées par les enfants eux-mêmes, ces associations leur permettent de s'exercer à la participation et aux responsabilités collectives, et elles ont donc une place de choix dans le projet éducatif. Mais les enfants se heurtent à leur incapacité juridique : s'il est admis que l'adhésion à une association est un acte permis par l'usage aux mineurs, la jurisprudence comme les circulaires administratives exigent que ce soient des adultes qui occupent les postes importants du « bureau » : président, trésorier.

Le décret du 18 février 1991 a précisé les conditions que doivent respecter les associations désirant fonctionner dans un collège ou lycée :

- dépôt des statuts auprès du chef d'établissement et autorisation du conseil d'administration ;
- interdiction des associations politiques ou religieuses ;
- obligation de respecter « les principes du service public de l'enseignement ».

Le manquement à ces règles peut justifier le retrait de l'autorisation.

Le droit de réunion des élèves est encore plus strictement encadré. Les réunions peuvent être provoquées par le délégué de classe, une association ou un groupe d'élèves, mais elles doivent être autorisées par le chef d'établissement, et ne peuvent avoir lieu qu'en dehors des heures de cours. L'autorisation peut être refusée si la réunion paraît de nature à porter atteinte au fonctionnement normal de l'établissement. D'ailleurs, seules les réunions d'« information » (et non de revendication...) sont permises.

Le droit d'expression collective peut prendre deux formes : l'affichage et la publication d'un journal d'école.

Le chef d'établissement doit mettre des panneaux d'affichage à la disposition des délégués de classe et des associations autorisées.

Quant aux journaux d'école, ils sont libres, mais seront interdits s'ils comportent diffamation, injures, atteinte aux droits d'autrui ou à l'ordre public (art. 3-4 d. 30 août 1985).

C'est le directeur de l'établissement qui serait, éventuellement, tenu pour responsable de tels débordements ; aussi est-il fort vigilant !

Si les publications ont vocation à être diffusées à l'extérieur de l'établissement, il faudra respecter la loi sur la presse et ses formalités légales, ce qui imposera la participation d'au moins un adulte comme directeur. Ce peut être un élève majeur ou un enseignant. Mais il semble que la présence de ce directeur majeur n'empêche pas la poursuite, le cas échéant, du chef d'établissement.

B) *L'éducation à la citoyenneté.* – Il s'agit d'initiatives publiques destinées à sensibiliser les enfants à l'importance de la chose publique et au rôle de la loi et des institutions dans la vie quotidienne. Ainsi plusieurs villes ont-elles mis en place des conseils municipaux d'enfants. Une mention particulière doit être faite ici du « Parlement des enfants » qui se réunit annuellement depuis 1994, à l'initiative du président de l'Assemblée nationale. Chaque année, les enfants des classes primaires sont invités à proposer une modification législative, et l'une d'entre elles est choisie pour être votée par le « vrai » Parlement. Il faut reconnaître qu'il s'agit généralement de textes emblématiques mais de portée juridique faible.

C) *La protection de la moralité de l'enfant.* – La protection de la moralité de l'enfant inspire la réglementation relative à ses distractions, à ses relations sexuelles et même à sa vie professionnelle. Nous ne verrons ici que le premier point, les autres étant traités au titre de la maltraitance ou du travail des enfants.

Le texte de base est une loi du 16 juillet 1949 relative aux publications destinées à la jeunesse, qui interdit, à peine de sanctions pénales, d'y « présenter sous un jour favorable le banditisme, le mensonge, le vol, la paresse, la lâcheté, la haine, la débauche et tous les actes qualifiés crimes ou délits ou de nature à démoraliser l'enfance ou la jeunesse ». L'importation de telles publications ou la publicité en leur faveur sont également interdites. Quant aux publications pornographiques, elles peuvent être poursuivies en application de l'article 227-24 du Code pénal, si elles ont été vendues ou adressées à des mineurs. En matière de cinéma, il existe des films interdits aux mineurs de douze, de seize ou de dix-huit ans. Ils doivent faire l'objet d'une publicité à l'extérieur de la salle. L'entrée n'est alors permise que sur justification de l'âge du client. La méconnaissance de cette interdiction exposerait l'exploitant de la salle ou la personne accompagnant le mineur à une amende (d. 15 mai 1992).

Le maire ou le préfet peuvent également interdire aux mineurs l'accès à certains spectacles.

Pour les émissions de télévision, ce sont les cahiers des charges des différentes chaînes qui prévoient la protection des jeunes téléspectateurs, sous le vigilant contrôle du Conseil supérieur de l'audiovisuel. Celui-ci, qui a une mission générale d'information et de prévention, a mis en place depuis 1997 un codage des émissions avertissant les parents de l'existence de scènes, en particulier de violence, non destinées aux enfants.

Enfin, il existe une réglementation des débits de boissons, interdisant l'accès à ces établissements aux enfants de moins de seize ans non accompagnés. Par ailleurs, certaines boissons alcoolisées ne peuvent être consommées qu'à partir d'un âge déterminé.

3. **L'État et la santé de l'enfant.** – Que l'État se soucie de la santé de l'enfant n'est pas nouveau : déjà, au XIX^e siècle, les premières limitations du travail des enfants, ainsi que les premières mesures en faveur des « femmes en couches », étaient dictées par ce souci. Souci nullement désintéressé, tant la vigueur des ouvriers ou des soldats importait aux pouvoirs publics. De même les divers « avantages » liés à la présence d'enfants dans un foyer : allocations familiales, « parts » fiscales, etc., sont-ils motivés essentiellement par un souci de politique démographique. Celui qui est protégé n'est pas tant l'enfant d'aujourd'hui que le travailleur-cotisant, soldat et contribuable de demain.

Une partie de la protection de la santé des enfants résulte de lois pénales (v. *infra* la maltraitance).

Mais l'essentiel est l'organisation de tout un réseau administratif orienté vers la santé de l'enfant.

La protection de la santé des enfants repose sur trois services médico-sociaux : la protection et promotion de la santé maternelle et infantile, qui concerne les enfants en bas âge, relayée ensuite par le système de santé scolaire. Pour les enfants handicapés existe aussi un dispositif spécifique.

A) *La protection et promotion de la santé maternelle et infantile.* – La protection du jeune enfant est indissociable de celle de la femme enceinte. C'est ce qui explique que la loi confie aux services de la PPMI le soin d'organiser des actions de planning familial et des consultations prénuptiales et prénatales. C'est cette même loi qui régit aujourd'hui la protection de la femme enceinte : délivrance du carnet de maternité, examens médicaux obligatoires pendant la grossesse et après la naissance, qui conditionnent le versement des allocations pré- et postnatales.

La protection sanitaire du jeune enfant est ensuite organisée autour de trois pôles : l'agrément et le contrôle des assistantes maternelles, la surveillance des établissements publics et privés recevant des enfants de moins de six ans (crèches, colonies de vacances, garderies... avec une liaison entre les PPMI et les services de santé des écoles maternelles), enfin le dépistage des enfants « à problèmes », handicapés ou victimes de mauvais traitements. Des actions à domicile sont prévues, dans une perspective qui se veut d'aide et non de contrôle. Néanmoins, si une carence familiale est repérée, le cas sera « signalé » à l'ASE. S'agissant de services qui sont tous départementalisés, les transmissions sont plutôt bonnes.

Mais il faut bien reconnaître que des progrès sont encore à faire, tant au regard du nombre des examens médicaux totalement pris en charge par la Sécurité sociale, que, surtout, au niveau de l'accueil des enfants de moins de trois ans.

B) *La médecine scolaire.* – Elle prend le relais de la PPMI pour les enfants de plus de six ans, scolarisés dans les écoles primaires, puis secondaires. Il existe aussi une médecine universitaire.

La santé scolaire dépend de l'État (alors que la PPMI est départementalisée). De plus, ce service est écartelé entre le ministère de l'Éducation nationale et celui de la Santé, et géré localement par les rectorats. Ces méandres administratifs ne favorisent pas un fonctionnement efficace.

La médecine scolaire a de nombreux objectifs : assurer les examens médicaux obligatoires (entrée en cours préparatoire, entrée en 6e, fin de 5e et fin de 3e) ; assurer un suivi de la santé des élèves et dépister les problèmes éventuels ; impulser l'éducation sanitaire et sexuelle ; veiller à l'hygiène générale des établissements et surveiller plus spécialement le respect des règles concernant l'enseignement technique. À ces tâches sont affectés des médecins, des infirmières et des assistantes sociales.

En réalité, l'absence criante de moyens a obligé la médecine scolaire à se concentrer sur certains objectifs qui paraissaient prioritaires : assurer au moins un examen médical des enfants au cours de leur scolarité (à six ans, lors de l'entrée en CP) et se mobiliser sur la population des adolescents, souvent en proie à de graves dangers. Ainsi, les médecins scolaires ont une action importante de prévention de la toxicomanie et du sida. Les assistantes sociales scolaires sont attentives aux échecs scolaires. Tous sont également attentifs au dépistage des difficultés psychologiques, voire psychiatriques des élèves.

Un rôle important est également dévolu aux infirmières scolaires dans la détection des problèmes de santé, l'écoute et l'orientation des jeunes filles craignant une grossesse, et même la délivrance de contraceptifs d'urgence en cas de nécessité.

C) *Le dispositif de protection des enfants handicapés*. – Les enfants peuvent être atteints de handicaps physiques ou mentaux. La convention de l'ONU sur les droits de l'enfant met à la charge des États signataires l'obligation de veiller à leur protection. En France, cette protection est l'affaire de l'« éducation spécialisée ». Les principes qui la gouvernent ont été affirmés par la loi du 11 février 2005 pour l'égalité des droits et des chances, la participation et la citoyenneté des personnes handicapées. Le premier est que les enfants handicapés doivent bénéficier de tous les droits fondamentaux reconnus à tous les citoyens ainsi que des soins adaptés à leur état, le principe étant le maintien dans un cadre ordinaire de scolarité. Le second est que les frais d'entretien de ces enfants sont assumés par la collectivité publique, État ou assurances sociales. Une partie des dépenses est prise en charge directement : ainsi les frais d'hébergement. Par ailleurs, des allocations en espèces sont prévues.

L'affaire *Perruche*[1] a mis en lumière les insuffisances de ces dispositifs. La loi du 4 mars 2002 sur les droits des malades, qui a interdit l'action en réparation du préjudice de « vie handicapée », a également énoncé que « toute personne handicapée a droit, quelle que soit la cause de sa déficience, à la solidarité de l'ensemble de la collectivité nationale », principe réaffirmé par la loi du 11 février 2005. Il restera à voir l'effectivité concrète des mesures dont les premières ont été prises par décrets dans le courant du mois de décembre 2005.

Le dispositif relatif aux enfants handicapés est complexe : il existe des instituts médico-pédagogiques, pour les enfants de trois à seize ans, dispensant un enseignement général adapté, des instituts médico-professionnels pour les enfants de quatorze à vingt ans, qui leur donnent une formation professionnelle. Il y a aussi des classes particulières dans les écoles (sections d'éducation spécialisées) et des sections pour enfants dans les hôpitaux psychiatriques. Il existe encore des instituts d'éducation motrice ou sensorielle (pour l'éducation des enfants mal voyants ou malentendants). L'orientation des enfants vers telle ou telle structure, ainsi que les décisions de versement de prestations en espèces, sont de la compétence des commissions de l'éducation spécialisée. Celles-ci ont le pouvoir de décision, aussi bien à l'égard des familles, dont elles doivent cependant rechercher l'adhésion, que vis-à-vis des organismes payeurs. Leurs décisions peuvent faire l'objet de recours. Dans un arrêt remarqué, le Conseil d'État[2] a décidé que le droit des enfants handicapés à être scolarisés est un « droit opposable », en sorte que l'État ne peut tirer prétexte de l'absence de structure pour s'y dérober et devra indemniser tout enfant auquel aucune prise en charge correspondant à ses besoins n'aura été proposée.

4. **L'État et le travail des enfants.** – Hier encore, en France, les enfants travaillaient dès leur jeune âge, dans les filatures, les mines... Aujourd'hui même, à travers le

1. Ass. plén., 17 novembre 2000.
2. Arrêt *Laruelle*, du 8 avril 2009, n° 311434.

monde, des enfants n'ont pas d'autre choix que de travailler pour survivre. Aussi, réaliste, la convention de l'ONU n'a-t-elle pas interdit le travail des enfants, mais seulement exigé qu'il ne nuise pas à leur éducation ou à leur développement, et interdit qu'il entraîne une exploitation économique des enfants (art. 32). Mais elle a inscrit pour la première fois dans un texte le *droit au jeu* de l'enfant (art. 31).

Une loi du 9 juin 1999 émanant du « Parlement des enfants » partiellement insérée dans le Code de l'éducation a tenté de sensibiliser les enfants français au travail des enfants étrangers lors de l'achat de fournitures scolaires. Il est peu probable que cette loi ait des effets sensibles, rares étant les marchands d'articles scolaires indiquant qu'ils ont été fabriqués illégalement par des enfants !

Nous ne reviendrons pas ici sur les problèmes de capacité juridique posés par la conclusion d'un contrat de travail par un mineur, sauf à relever qu'une loi du 2 janvier 2004 a opportunément précisé que les enfants artistes ou mannequins doivent donner un accord écrit à leur embauche. Nous envisageons seulement comment l'État protège l'enfant qui travaille. Il existe trois séries de règles à cet effet : un âge d'admission au travail, des autorisations d'embauche et, enfin, des lois particulières gouvernant l'exécution d'un contrat de travail par un mineur.

A) *L'âge minimal d'accès à l'emploi.* – La convention de l'ONU impose sa fixation par les États. La convention n° 138 de l'OIT en date du 26 juin 1973 (que la France a décidé de ratifier en 1990) prévoit que cet âge ne doit pas être inférieur à celui de la fin de la scolarité obligatoire, et en tout cas supérieur à quinze ans. Ce seuil peut être abaissé à treize ans, mais uniquement pour les travaux ne comportant aucun risque pour la santé ou la scolarité des enfants.

Actuellement, en droit français, l'âge normal d'admission au travail est seize ans, fin de la scolarité obligatoire, deux ans avant la majorité. Il est interdit d'employer des travailleurs de moins de seize ans, sauf dans certains cas précisément définis, notamment dans le cadre de l'apprentissage ou des stages d'initiation prévus dans l'enseignement professionnel (art. L. 4153-1 C. trav. ; art. L. 337-3 C. éd.).

Cependant, certains types d'emplois ne peuvent pas être exercés par des mineurs : ainsi est-il interdit[1] aux mineurs de travailler dans des débits de boissons avant dix-huit ans (art. L. 4153-6 C. trav.) ; sont de même exclues les activités trop pénibles, dangereuses pour la santé des jeunes (V. art. L. Article L. 4153-8 C. trav.). Il est enfin interdit de confier des enfants à des personnes susceptibles de les utiliser pour se livrer à la mendicité (art. L. 4153-7 C. trav.).

D'autres activités, au contraire, peuvent être exercées avant seize ans.

Les enfants de plus de quatorze ans peuvent travailler pendant les vacances scolaires, à condition que ce ne soit pas pendant plus de la moitié des vacances, et que cela n'entraîne pas de fatigue excessive.

La loi du 31 mars 2006 pour l'égalité des chances a créé les « formations d'apprenti junior » qui concernent les enfants de plus de quatorze ans. Il s'agit d'un apprentissage dont la particularité est d'être très encadré par une structure scolaire et de comporter une alternance d'enseignements généraux, technologiques et de stages. Néanmoins, cette nouvelle formule a pu être présentée comme une régression des droits des enfants.

Le Code du travail maritime permet aux mineurs de plus de quinze ans de prendre part à la pêche côtière pendant les vacances scolaires.

Les enfants peuvent occasionnellement travailler dans le spectacle ou comme mannequins avant seize ans. Il est seulement interdit de faire effectuer des tours de force ou exercices dangereux avant seize ans, sauf sous la direction des parents eux-mêmes « saltimbanques ou forains » : dans

1. Cette interdiction ne joue pas si l'exploitant du débit de boissons est de la famille du mineur, ni si le jeune est en stage dans le cadre d'une formation en alternance.

ce cas la limite est abaissée à douze ans. Les enfants mannequins ne peuvent travailler ni le dimanche ni plus de la moitié des vacances scolaires. S'ils ne sont pas scolarisés, ils ne peuvent être employés plus de deux jours par semaine. L'emploi d'un mineur de plus de treize ans, en vue d'exercer ce type d'activités est subordonné à son avis favorable écrit (Article L. 7124-2 C. trav.).

Dans le domaine du sport, c'est la loi du 28 décembre 1999 qui protège les jeunes, notamment en imposant la conclusion d'une convention entre la société sportive et les représentants légaux du mineur. Il est par ailleurs interdit de verser quelque rémunération que ce soit à d'autres personnes que le mineur sportif (club sportif, intermédiaire, parents...).

B) Les autorisations d'embauche. – Elles sont obligatoires pour les enfants de moins de seize ans, et sont délivrées soit par l'inspecteur du travail, pour les travaux saisonniers, soit par l'administrateur des affaires maritimes pour les mousses, soit encore par des commissions constituées au sein du Conseil départemental de protection de l'enfance pour les enfants mannequins ou ceux du spectacle. Dans tous les cas, l'autorisation écrite des représentants légaux de l'enfant est exigée.

Pour les enfants mannequins, l'agence de mannequins peut bénéficier d'une autorisation générale annuelle, qui la dispense de solliciter l'agrément pour chaque enfant employé.

C) Les particularités de l'exécution du contrat de travail. – Il est interdit de faire travailler les enfants la nuit, sauf dans certains métiers comme l'hôtellerie et de la boulangerie (art. L. 3163-2 C. trav.), et les durées légales de repos journalier et hebdomadaire sont plus importantes pour les jeunes travailleurs (Article L. 3164-1 C. trav.). Si le jeune est astreint à suivre des cours professionnels, l'employeur doit lui laisser la possibilité de s'y rendre.

Quant au salaire de l'enfant, il est minoré par rapport à celui d'un adulte : ainsi, en première année d'apprentissage, un jeune touchera 15 % du SMIC. Un salarié de moins de dix-sept ans peut subir une décote de 20 % sur le SMIC, tant qu'il n'a pas six mois d'ancienneté. Le salaire des enfants mannequins ne peut pas être inférieur à un pourcentage d'un cachet adulte, fixé par convention collective ou par décret.

Les enfants du spectacle, les mannequins et les jeunes sportifs bénéficient d'une protection spéciale : une partie de leurs gains est bloquée à la Caisse des dépôts et consignations jusqu'à la majorité de l'enfant. Le solde est remis aux parents qui en ont la disposition (art. L. Article L. 7124-9 C. trav.) : c'est, en quelque sorte, la participation de l'enfant à son entretien. Dans les autres cas, les parents n'ont pas de droit de jouissance légale sur les gains de leur enfant (art. 387 C. civ.) mais ils en ont l'administration légale, et ils peuvent affecter les salaires et revenus de l'enfant à son entretien.

Ainsi, la coutume selon laquelle le jeune qui gagne sa vie verse une « pension » à ses parents s'il vit chez eux est parfaitement conforme à la loi. Il est beaucoup moins normal que les biens acquis par le mineur avec la partie de son salaire qui n'est pas utilisée à son entretien tombent, eux aussi, sous l'administration légale des parents qui ont ainsi, juridiquement, seuls le droit de vendre la moto acquise par le jeune avec l'argent qu'il a gagné !

La reconnaissance d'une « prémajorité »[1] ne devrait pas remettre en cause l'âge minimum d'admission à l'emploi, ni la protection des jeunes de moins de seize ans. En revanche, les jeunes de seize à dix-huit ans deviendraient capables de conclure le contrat de travail, de percevoir et de disposer de leur salaire. Et la minoration de salaire des mineurs devrait être supprimée.

## II. – La protection particulière des enfants menacés

Nous regroupons ici l'étude de l'enfance en danger, des enfants maltraités, et des enfants délinquants. En effet, pour

1. V. Rapport au secrétaire d'État à la famille, précité.

ces derniers, l'optique du droit français est et demeure plus thérapeutique que répressive : on pourrait dire qu'ils sont perçus comme plus menacés que menaçants.

1. **L'enfance en danger.** – Les enfants en danger sont ceux dont la santé, la sécurité ou la moralité paraissent menacées, ou dont les conditions d'éducation sont « gravement compromises » (art. 375 C. civ.). Il s'agit de situations « en amont » par rapport à la délinquance ou la maltraitance, qu'il s'agit de prévenir.

Pour ce faire, il existe un dispositif administratif et des mesures judiciaires, qui ne sont pas toujours bien articulés.

A) *Le dispositif administratif.* – Il s'agit de l'Aide sociale à l'Enfance, service qui a succédé à la DASS depuis 1984, et qui est désormais sous la direction du président du conseil général et non plus de l'État. L'ASE fonctionne avec tout un ensemble de travailleurs sociaux, de familles d'accueil et d'éducateurs, de « foyers » gérés par des collectivités publiques ou des associations de « clubs de prévention », etc.

L'ASE a une mission de prévention et de repérage des enfants en danger (et aussi des enfants maltraités : v. paragraphe suivant).

Elle a la responsabilité d'intervenir en cas d'urgence : ainsi, c'est elle qui prend en charge les nouveau-nés trouvés dans des squares, les enfants que personne ne vient chercher à la sortie de l'école, ou encore les jeunes fugueurs échoués dans un commissariat de police. Mais, si les parents ne se manifestent pas dans un délai de cinq jours, le procurcur de la République sera averti, et il saisira le juge des enfants.

Dans les autres hypothèses, les mesures proposées par l'ASE doivent être acceptées par les parents. Si la famille n'adhère pas aux solutions suggérées, seul le juge des enfants a qualité pour prendre des mesures coercitives. Cette adhésion doit être le fruit d'une bonne information, et d'une concertation loyale : ainsi, le Code de l'Action sociale et des familles prévoit que la famille puisse être assistée d'une personne de son choix dans ses rapports avec l'administration. L'enfant lui-même doit être consulté, mais son accord n'est pas requis actuellement. L'institution de la prémajorité devrait entraîner que son accord soit requis à partir de seize ans, ce qui serait un gage d'efficacité.

Les mesures doivent être revues tous les ans.

Contrairement à ce que certains pensent, le placement « volontaire » d'un enfant à l'ASE n'entraîne aucune incidence sur l'autorité parentale.

Quant aux mesures, il peut s'agir soit d'un placement en établissement (de plus en plus rare), ou en famille d'accueil, soit de mesures d'assistance en milieu ouvert (AEMO), c'est-à-dire d'un « suivi » de l'enfant, qui reste dans sa famille, par des intervenants sociaux, soit encore d'une combinaison personnalisée de plusieurs mesures, notamment d'un placement séquentiel (fin de semaine, par exemple) combiné avec un suivi de la famille.

Enfin, l'ASE peut également verser des aides financières, parfois même en espèces pour les familles les plus défavorisées.

Le caractère « volontaire » du placement, garantie essentielle pour les libertés individuelles face à l'administration, suscite cependant quelques difficultés :

- par exemple, la situation de l'enfant se dégrade sérieusement lorsque les placements « volontaires » tendent à s'éterniser. Le retrait d'une famille d'accueil où l'enfant s'était bien inséré est parfois mal vécu ;
- de même, la liaison qui est parfois faite entre le versement de prestations financières et l'acceptation d'une mesure de surveillance de l'enfant ne favorise pas vraiment la liberté des « bénéficiaires » ;
- enfin, plusieurs rapports récents ont mis en lumière le fait que toute intervention éducative venue de l'extérieur a naturellement tendance à disqualifier la famille qu'elle est censée aider. Aussi tente-t-on actuellement de requalifier les parents en partant de la valorisation de leurs compétences.

On a tenté de présenter sous cet angle les nouveaux « contrats de responsabilité parentale » créés par la loi pour l'égalité des chances du 31 mars 2006, qui seront proposés aux parents dont les enfants font preuve d'absentéisme scolaire ou de toute autre difficulté liée à une carence de l'autorité parentale. Le président du conseil général pourra proposer aux parents un contrat leur imposant d'assumer leurs obligations, sous la sanction éventuelle de la déchéance des allocations familiales. Dans le même esprit, les « conseils des droits et devoirs des familles » mis en place par certaines municipalités sont censés sensibiliser les parents à la nécessité de mieux exercer leurs prérogatives. On peut émettre de sérieuses réserves sur l'aptitude de ce genre de menace à redonner aux parents l'aptitude à se faire obéir de leurs enfants !

B) *La protection des mineurs étrangers.* – Un nombre de plus en plus important de mineurs étrangers se trouve actuellement sur le sol français sans référent adulte. Après qu'un âge leur a été attribué par radiographie osseuse, procédé dont l'efficacité a d'ailleurs été mise en doute par le Comité consultatif national d'éthique en 2005, ces mineurs isolés se voient depuis la loi du 4 mars 2002 nommer un administrateur *ad hoc* qui les représente dans les procédures administratives et judiciaires éventuelles. Ces mineurs ne sont pas systématiquement considérés comme « en danger » et remis à l'ASE, pour éviter d'accroître encore leur afflux. Ils font l'objet, lorsque leur pays d'origine peut être déterminé, de « reconduites éducatives » dont le cadre juridique est plutôt nébuleux, et il faut bien reconnaître que leur protection est faiblement assurée. Les enfants accompagnant des parents en situation irrégulière peuvent se voir assignés dans des centres de rétention administrative, même s'ils sont très jeunes. La cour de cassation[1] a refusé de voir dans ces pratiques un « traitement inhumain et dégradant » au sens de la CEDH : il est vrai qu'il n'eut pas été préférable de séparer les enfants de leurs parents retenus. Il n'est pas certain que la Cour de Strasbourg partage cet avis[2].

1. 1re civ., 10 décembre 2009, n° 08-14141 et 08-21101.
2. Arrêt du 19 janvier 2010, Muskhadzhiyeva et autres c. Belgique Requête n° 41442/07.

C) *Les mesures judiciaires.* – Il est regrettable qu'elles émanent de nombreuses juridictions différentes.

En effet, pour l'enfant en danger, le juge spécialisé est le « juge des enfants ». Mais les retraits et les délégations d'autorité parentale sont de la compétence du tribunal de grande instance et du juge aux affaires familiales, comme les décisions relatives à l'exercice de l'autorité parentale en cas de séparation des parents, et, depuis le 1er janvier 2010, les tutelles de mineurs.

Évidemment, certains plaideurs jouent de cette multiplicité de compétences, et il n'est pas rare de voir un père mécontent du JAF saisir le juge des enfants en prétextant un nouveau « danger » pour l'enfant (v. art. 375-3 C. civ.).

1 / Les mesures proprement civiles sont le *retrait* ou la *délégation* de l'autorité parentale.

Le *retrait de l'autorité parentale,* qui a remplacé la déchéance depuis 1996, peut être décidé par le juge à la suite d'une infraction commise par les parents, ou de carences éducatives mettant l'enfant en danger (art. 378 et 378-1 C. civ.). Dans le premier cas, il est prononcé par le tribunal pénal ; dans le second, par le TGI. Son critère exclusif est l'intérêt de l'enfant, et non la faute des parents. Les juridictions qui condamnent un parent pour crime ou délit commis sur l'un de leurs enfants, notamment en cas d'inceste, *doivent* statuer sur le retrait d'autorité parentale, et peuvent l'étendre à des enfants qui n'auraient pas été victimes d'abus.

La *délégation d'autorité parentale* consiste à transférer ses prérogatives à la personne à qui l'enfant est confié. Elle peut être décidée lorsque les parents sont dans l'impossibilité d'exercer l'autorité parentale, ou qu'ils consentent à la délégation. La loi permet une délégation partielle aboutissant à conserver aux parents certaines prérogatives, ce qui devrait en faciliter l'usage et éviter le phénomène de « disqualification » déjà évoqué. Elle peut être utilisée lorsque l'enfant est confié à l'ASE, mais aussi à des grands-parents, ou encore à un beau-parent, voire au compagnon homosexuel du parent.

Un projet de loi sur les « droits des tiers » présenté courant 2009 prévoyait qu'elle puisse résulter d'une convention entre le ou les parents et le délégataire homologuée par le JAF. Suscitant de vives réticences par la privatisation de l'autorité parentale qui en serait résultée, elle n'a pas (encore ?) été adoptée.

2 / C'est surtout le *juge des enfants* qui a la charge de l'enfance en danger, au titre de l'*assistance éducative*.

Le juge des enfants a des attributions à la fois civiles et pénales. Ce « mélange des genres », destiné à éviter de stigmatiser les enfants délinquants, aboutit paradoxalement à nuire aux enfants en danger, plus ou moins assimilés aux délinquants. Mais les juges des enfants y sont très attachés, car cela donne une connotation plus positive à leur action.

L'article 375 du Code civil permet au juge des enfants de prendre des mesures d'assistance éducative « si la santé, la sécurité ou la moralité d'un mineur non émancipé sont en danger, ou si les conditions de son éducation sont gravement compromises ».

*a)* Les *mesures* elles-mêmes ne sont pas très différentes de celles que l'ASE peut prendre de sa propre initiative. Mais, ici, la décision du juge s'impose à l'administration (et au budget départemental). D'autre part, le juge des enfants ne peut pas porter atteinte à l'autorité parentale, mais il peut confier l'enfant à un tiers et donner à ce tiers tous les pouvoirs qui paraissent utiles ou nécessaires (art. 375-7 C. civ.) : cela équivaut, en pratique, à une restriction de cette autorité.

Une loi du 29 juillet 1998 a précisé que le juge « peut » indiquer à l'ASE, lors du placement, que sa localisation doit être choisie pour permettre le maintien des liens avec les parents : ce texte, issu du « Parlement des enfants », et fort peu coercitif, en dit long sur certaines pratiques administratives !

Ces mesures, normalement, prennent fin avec la majorité du jeune, mais elles peuvent à sa demande durer jusqu'à vingt et un ans : ce qui lui permet d'assurer une transition avec sa vie d'adulte.

Le juge des enfants est également compétent pour ordonner une mesure d'aide à la gestion du budget familial, consistant à verser les prestations familiales entre les mains d'un délégué aux prestations familiales, chargé de les utiliser au mieux des besoins des enfants (art. 375-9-1 C. civ.).

La loi prescrit au juge des enfants de s'efforcer de recueillir « l'adhésion de la famille à la mesure envisagée » (art. 375-1 C. civ.). Outre que l'adhésion de l'enfant serait également très souhaitable... cette prescription ne laisse pas de placer le juge en porte à faux par rapport à sa mission naturelle qui est de juger. Certains défendent alors l'idée d'une « justice négociée »[1], tandis que d'autres dénoncent les « pièges de la persuasion »[2] et les risques de dérapage auxquels est exposé le juge, du chantage au mensonge, en passant par l'autocensure et l'impuissance. Une clarification du rôle du juge à cet égard serait sans doute souhaitable.

*b)* Les *personnes* qui peuvent saisir le juge sont les parents, le service à qui l'enfant a été confié (donc l'ASE), le ministère public, le juge lui-même à titre exceptionnel et l'*enfant*, de sa propre initiative, quel que soit son âge. De cette manière, le juge des enfants devient la soupape de sécurité permettant de résoudre les litiges entre parents et enfants lorsqu'ils mettent ceux-ci en « danger ».

Il arrive assez souvent que le juge des enfants soit saisi d'une situation de « crise », le jeune s'opposant violemment aux décisions parentales, notamment en cas de mariage forcé ou d'arrêt de la scolarité. Dans ces hypothèses, le juge aura une interprétation large des notions de « danger » et d'« éducation gravement compromise ». Il confiera l'enfant à l'ASE, à charge pour celle-ci de prendre les mesures souhaitées. Il faut reconnaître qu'il y a là un vrai problème : est-il justifié que le jeune ne puisse

1. Amiel et Garapon, Justice imposée et justice négociée dans le droit français de l'enfance, *Annales de Vaucresson,* 1987/2, p. 17.
2. J.-L. Baudouin, *Le juge des enfants,* p. 97 *sq*.

contester les décisions parentales que si elles le mettent en « danger » ?

En revanche, les grands-parents ne peuvent pas saisir le juge des enfants, sauf lorsque l'enfant leur a été confié.

*c)* Les *critères de saisine* du juge sont, encore aujourd'hui, quelque peu nébuleux. En effet, le « danger » de l'article 375 C. civ. n'est pas fondamentalement différent du « risque de danger » visé par les articles L. 226-1 et suivants du Code de l'action sociale et des familles.

Depuis la loi du 5 mars 2007, le juge des enfants ne devrait plus être saisi que dans les seuls cas où les mesures administratives de protection de l'enfance s'avèrent insuffisantes, notamment en cas de refus de collaboration de la part de la famille (V. art. L. 226-4 CASF). C'est le principe de « subsidiarité » de la saisine judiciaire, qui oblige le procureur de la République à vérifier l'insuffisance des mesures administratives avant de saisir le Juge des enfants (art. 375 C. civ.). Néanmoins, la saisine directe du juge, par les parents ou par le jeune lui-même est toujours possible et échappe à ce principe de « subsidiarité ».

On avance parfois que le juge des enfants ne serait compétent qu'en cas de conflit. Cela ne nous semble que partiellement exact. Certes, l'ASE ne pouvant agir qu'avec l'accord des titulaires de l'autorité parentale, le juge est seul compétent pour imposer des mesures refusées par la famille. De même, il peut intervenir dans les conflits entre les parents et l'enfant. En revanche, nier la compétence du juge en l'absence de conflit paraît une vision réductrice de sa mission, car cela signifierait que l'administration est alors seule compétente, ce qui ne paraît pas conforme à l'article 375 C. civ. D'ailleurs, l'article L. 226-4 CASF mentionne certains critères de saisine du juge des enfants qui ne sont nullement liés à un quelconque conflit.

*d)* La situation de l'*enfant* dans la procédure d'assistance éducative est tout à fait particulière.

Nous avons vu qu'il peut saisir le juge. L'article 1183 N. C. pr. civ. prévoit que l'enfant doit être entendu « à moins que son âge ou son état ne le permette pas » – ce qui laisse, en fait, toute latitude au juge dès lors qu'il motive sa décision. Il arrive également que l'enfant soit convoqué mais n'assiste qu'à une partie de l'audience. D'autre part, son audition n'est pas obligatoire avant la prise de mesures provisoires.

Enfin, le jugement lui est signifié personnellement s'il a plus de seize ans, ce qui lui permet alors de faire appel.

*e)* Quant à l'*avocat* de l'enfant, actuellement, sa présence est prévue, mais assez rare. D'abord, c'est au juge des enfants qu'il appartient de prévenir l'enfant de son droit à avoir un avocat différent de celui de ses parents. Or nombre de juges estiment que, leur seul critère d'action étant l'intérêt de l'enfant, l'avocat est inutile. Cela d'autant plus que l'avocat est un juriste, alors que le débat n'est pas juridique.

L'expérience montre pourtant que les avocats spécialement formés et librement consultés par les jeunes dans des locaux d'associations participent utilement à l'assistance éducative.

*f)* La *consultation du dossier* d'assistance éducative a longtemps été refusée aux parents et à l'enfant, leurs avocats seuls y ayant accès. Un décret du 16 mars 2002 a remédié à cette carence critiquable, en ouvrant l'accès au dossier tant aux parents qu'à l'enfant capable de discernement. Ce dernier doit, cependant, être accompagné de l'un de ses parents ou d'un avocat.

Il demeure néanmoins loisible au juge d'écarter certaines pièces de la consultation par décision motivée. Cette limite contraire au principe du contradictoire et de l'égalité des armes, est rendue nécessaire par le fait que certains rapports peuvent contenir des informations confidentielles portant parfois sur des tiers.

2. **L'enfance maltraitée.** – Paradoxalement, il n'est pas aisé de donner une définition de la maltraitance. Nous retiendrons l'existence d'une infraction pénale dont la victime est l'enfant, les situations moins graves étant seulement constitutives de « danger » (v. paragraphe précédent).

Si la maltraitance fait donc l'objet de sanctions pénales, la tendance actuelle est de tenter de détecter au plus tôt et même, si possible, d'empêcher les mauvais traitements, cela par une action administrative.

A) *La maltraitance, infraction pénale.* – Envisager la maltraitance en tant qu'infraction permet de définir son domaine. On évoquera ensuite les problèmes posés par les poursuites pénales.

1 / La *liste des infractions contre les enfants* est longue et disparate. Beaucoup de crimes et délits ont une répression aggravée si la victime est mineure. Il existe aussi des infractions particulières, tels les « mauvais traitements à enfant », l'inceste, ou encore les « abandons » d'enfant.

On observe une inexistence quasi totale d'infraction protégeant les biens de l'enfant : seul existe un délit d'« abus de faiblesse » (art. 223-15-2 C. pén.), punissant ceux qui obligeraient le mineur à un acte ou une abstention qui lui serait gravement préjudiciable. On peut aussi évoquer le délit d'abandon de famille, qui consiste dans le fait de ne pas verser une pension alimentaire à laquelle on a été judiciairement condamné.

Le droit pénal protège surtout l'enfant dans son intégrité physique et dans sa personnalité.

*a)* Les infractions *relatives à la vie et à la santé de l'enfant.* L'infanticide (meurtre d'un enfant nouveau-né) est assimilé aux autres meurtres dans le Nouveau Code pénal. Le Code pénal distingue les violences habituelles sur mineur (art. 222-14) des privations de soins (art. 227-15). Par ailleurs, les textes réprimant l'homicide et les violences prévoient des peines aggravées lorsque la victime est un mineur de quinze ans ou lorsque l'auteur des violences est un parent ou une personne ayant autorité sur l'enfant (V. art. 222-8 et s. C. pén.). Les pénalités sont lourdes : ainsi, les privations de soins ayant compromis la santé de l'enfant peuvent entraîner jusqu'à sept années d'emprisonnement.

Le crime de « violence à enfant ayant entraîné une mutilation » est l'incrimination applicable aux mutilations sexuelles infligées aux petites filles en application de certaines coutumes africaines. Après une période où ces mutilations n'étaient pas poursuivies sous leur véritable qualification, afin de mitiger la peine, une plus grande sévérité est aujourd'hui de rigueur : les auteurs, parents et « exciseuse », sont traduits devant la cour d'assises. Le droit français refuse d'admettre que ces pratiques soient justifiées par la coutume étrangère, et il a sur ce point l'appui de la convention de l'ONU sur les droits de l'enfant (art. 24-3). La loi du 4 avril 2006 a rendu ces crimes punissables en France, même lorsqu'ils ont été commis à l'étranger.

Toujours pour protéger la vie de l'enfant, il existe toute une série d'infractions de carence : les « délaissements » d'enfant dans un lieu public, punis de peines variées selon le préjudice subi par l'enfant (art. 227-1 et 227-2 C. pén.).

Il faudrait encore ajouter des infractions telles la fourniture de stupéfiants, ou la provocation au suicide dont la répression est aggravée si la victime est mineure.

*b) Le fait par les parents de se soustraire à leurs obligations au point de compromettre la santé, la sécurité, la moralité ou l'éducation du mineur* est qualifié de « délit de mise en péril » (art. 227-17 C. pén.). Ce texte est utilisé à l'encontre de parents qui confient leur enfant à une secte, ou ne prennent pas les moyens adéquats pour les obliger à respecter l'obligation de scolarité.

Le défaut persistant d'inscription de l'enfant dans un établissement scolaire a d'ailleurs été érigé en infraction spécifique par une loi du 18 décembre 1998 (art. 227-17-1 C. pén.).

Signalons enfin l'existence d'infractions concernant le non-respect de la réglementation du travail des enfants.

*c)* En ce qui concerne la *protection de la personnalité de l'enfant,* on peut distinguer trois types d'infractions : celles qui tendent à préserver la moralité de l'enfant et son intégrité sexuelle, celles qui tendent à protéger sa vie privée, et celles qui garantissent son identité et sa vie familiale.

– La convention de l'ONU fait obligation aux États de protéger les enfants contre toute *exploitation sexuelle.* La France, depuis longtemps déjà, aggrave la sanction des infractions contre les mœurs lorsqu'elles ont pour victime un mineur : ainsi en est-il du viol et du proxénétisme.

Il existe aussi des infractions particulières : ainsi l'atteinte sexuelle sans violence, qui n'est punissable que lorsqu'il a pour victime un mineur de quinze ans (art. 227-25

C. pén.), ou lorsqu'il est commis sur un mineur de plus de quinze ans, mais par un parent ou une personne ayant autorité sur lui, par exemple un beau-père ou un instituteur (art. 227-27 C. pén.).

Une loi du 8 février 2010 qualifie d'incestueuses les agressions et atteintes sexuelles commises sur un mineur dans le cadre de sa famille. Cette loi qui n'incrimine que des comportements déjà passibles de sanctions et n'aggrave pas leurs pénalités est essentiellement destinée à désigner comme « incestueux » et donc répréhensibles certains comportements dont les auteurs ne mesurent pas toujours la gravité et la nocivité.

Le Code pénal incrimine de façon détaillée les diverses formes d'exploitation sexuelle des mineurs (art. 227-22, s.). Plusieurs lois récentes ont sensiblement élargi les incriminations, en particulier aux infractions commises par Internet, aux enregistrements et diffusions d'images pédophiles et aux relations sexuelles rémunérées avec des mineurs se livrant à la prostitution. Par exception aux principes d'application territoriale de la loi pénale, les infractions commises par des Français à l'étranger sont punissables comme si elles avaient été commises en France. Et les pénalités sont lourdes (150 000 euros d'amende et dix ans d'emprisonnement dans les cas prévus à l'article 227-26 C. pén.) !

Enfin, ce Code a également créé toute une série d'infractions protégeant les enfants contre toutes sortes de provocations : à l'usage de stupéfiants, à la consommation de boissons alcooliques, à la mendicité, etc. (art. 227-18 à 227-22).

– Les mesures qui tendent à protéger *la vie privée des enfants* sont éparpillées dans divers textes : ainsi est-il interdit de divulguer dans la presse le nom d'un mineur en fugue, sauf autorisation des parents, ou d'un enfant « exposé ou délaissé » (art. 39 *bis* loi du 29 juillet 1881 sur la presse). Lorsqu'un mineur a écrit un livre, ou donne un spectacle, la presse ne peut parler que de son œuvre, et non de sa vie privée (art. L. 7124-13 C. trav.). De même encore est-il interdit de publier des comptes rendus d'audience pénale concernant des mineurs, et les jugements ne peuvent être publiés que de façon totalement anonyme (art. 14 ord. 2 févr. 1945).

– Une autre série d'infractions est destinée à protéger *l'identité et la vie familiale des mineurs* :

La substitution ou supposition d'enfant consiste à déclarer à l'état civil un enfant comme né d'une femme alors qu'il est né d'une autre. Le délit de provocation à l'abandon réprime différentes pratiques destinées à inciter une future mère à remettre son enfant à autrui. Ce texte a été modifié par une des lois « bioéthiques » de 1994 afin de viser explicitement les intermédiaires (mais non les parents) dans les maternités de substitution (art. 227-12 C. pén.).

Sont encore réprimées les différentes atteintes à l'autorité parentale : enlèvements et « non-représentations d'enfant ». Le Code pénal incrimine dans un même texte tous les refus par des ascendants, légitimes ou naturels, de remettre l'enfant à celui qui exerce l'autorité parentale ou chez qui l'enfant a sa résidence habituelle. Est aussi puni le refus de représenter un enfant à celui qui a le droit de le réclamer, ce qui vise l'exercice des droits de visite et d'hébergement après séparation des parents. Corrélativement, le fait de transférer son domicile sans avertir l'autre parent est également sanctionné (art. 227-5 et s. C. pén.).

Mais ces textes ne peuvent pas s'appliquer en cas d'exercice conjoint de l'autorité parentale, tant qu'aucune décision de justice n'a fixé la résidence principale de l'enfant. Il y a là une lacune, particulièrement sensible en cas de séparation de couples non mariés.

La notion de « maltraitance » communément utilisée n'inclut qu'une partie de ces infractions : celles qui portent atteinte à la vie et à la santé de l'enfant, en particulier les mauvais traitements et les infractions contre les mœurs, spécialement les incestes. On voit que la protection pénale de l'enfance est beaucoup plus large.

2 / Au niveau des *poursuites pénales,* il existe trois difficultés, l'une tenant au secret professionnel de certains intervenants sociaux, l'autre au fait que les auteurs de la maltraitance sont souvent les représentants légaux

de l'enfant, et la troisième relative aux témoignages des enfants.

*a)* Le conflit entre le *secret professionnel* des médecins et assistantes sociales et l'obligation de dénoncer les sévices à enfant est une ancienne question. Une loi du 15 juin 1971 avait prévu que les personnes soumises au secret professionnel « sont libres de fournir leur témoignage sans s'exposer à aucune peine » en matière de mauvais traitements à mineurs de quinze ans. Ce qui n'indiquait pas si elles doivent ou non fournir ce témoignage. Or les professions concernées sont très réticentes à l'idée d'une obligation de dénoncer, car elles craignent une perte de confiance chez les personnes dont elles s'occupent.

La Cour de cassation avait fini par décider que, les deux obligations s'annulant réciproquement, les personnes tenues au secret professionnel étaient libres de dénoncer ou non. Le Code pénal a adopté une rédaction qui confirme cette solution (v. art. 226-14 et 434-3). Mais la Cour de cassation y a apporté une dérogation importante dans le cas des éducateurs et assistantes sociales[1]. Ceux-ci doivent, en effet, *immédiatement* rendre compte des infractions qu'ils découvrent, au juge des enfants ou au président du conseil général selon qu'ils interviennent en assistance éducative judiciaire ou administrative. Les procédures de « signalement » actuelles intègrent cette obligation[2].

Par ailleurs, il ne faut pas oublier que le délit de non-assistance à personne en péril est constitué à l'égard de toute personne, même astreinte au secret professionnel, si le défaut de signalement aboutit à l'aggravation de la situation de l'enfant : tel est, par exemple, le cas des médecins poursuivis pour n'avoir pas signalé des maltraitances qui ont en définitive entraîné le décès de l'enfant[3].

1. Crim., 8 octobre 1997, *JCP,* 1998, IV, 1103.

2. V., par ex., « Le signalement », n° 44/1996/2 de la revue *Droit de l'enfance et de la famille,* éditée par la Protection judiciaire de la jeunesse.

3. Comme dans l'affaire dite « du petit Marc » jugée par la cour d'assises du Nord le 5 novembre 2008.

*b) Lorsque les auteurs de la maltraitance sont les parents ou des proches de la victime,* ce qui est de loin le cas le plus fréquent, l'enfant se trouvait privé de la possibilité de faire entendre sa voix, puisque ceux dont il avait à se plaindre étaient ceux-là mêmes qui devaient le représenter. La loi a remédié à cette carence de deux manières : en prévoyant que le juge d'instruction ou le procureur de la République puisse nommer à l'enfant un administrateur *ad hoc* chargé de le représenter dans la procédure, ainsi qu'un avocat ; et en reportant à la majorité de l'enfant le début du délai de prescription des crimes et des délits commis contre lui par ses parents.

Bien qu'améliorées par la loi du 17 juin 1998, ces solutions demeurent imparfaites. D'abord, elles supposent l'initiative du Parquet décidant de poursuivre les parents : il n'est pas prévu que l'enfant puisse déclencher les poursuites lui-même[1]. Si le juge d'instruction ou le procureur de la République ne songent pas à lui désigner un administrateur *ad hoc,* il ne peut que se tourner vers le juge des tutelles, en application de l'article 389-3 C. civ., ce qui est une complication inutile. Enfin, le nouveau texte prévoit la transmission du dossier au juge des enfants afin d'ouvrir un dossier d'assistance éducative, ce qui est à la fois une mesure de protection judicieuse, mais aussi l'intrusion d'un nouvel acteur dans une scène déjà bien chargée : des conflits de compétence sont à prévoir.

*c) Le recueil des témoignages des enfants victimes.* L'enfant victime d'abus sexuels subit une nouvelle violence lorsque les nécessités de la procédure pénale l'obligent à réitérer de multiples fois le récit des violences dont il a été l'objet. Il est pourtant nécessaire que tous les participants au procès puissent avoir connaissance des faits et se forger une opinion sur ce qui s'est passé. D'où l'idée d'enregistrer sa déposition et de produire l'enregistrement ensuite, au lieu de l'interroger à nouveau. À l'imitation de certains droits étrangers, et après quelques expériences locales, la loi a posé en principe que l'audition de l'enfant victime serait enregistrée par procédé audiovisuel (art. 706-52 C. proc. pén.). L'« affaire

1. Douai, 18 déc. 1991, et Crim., 16 juin 1992, *D,* 1993, 75, note Prothais.

d'Outreau », dont l'épilogue a eu lieu en 2005, a malheureusement démontré que les conditions de recueil et d'expertise des témoignages des enfants victimes ne permettaient pas à l'époque de les protéger tout en vérifiant l'exactitude de leurs accusations. La loi du 5 mars 2007 a tenté d'améliorer le recueil des témoignages des enfants et de généraliser effectivement l'enregistrement audiovisuel des propos de l'enfant.

B) *La prévention administrative de la maltraitance.* Le silence est le plus grand ennemi des enfants martyrs. Souvent, certains savaient, mais n'ont rien dit, par crainte ou parce qu'ils ignoraient à qui révéler leurs soupçons. Aussi la loi de 1989 a-t-elle institué un dispositif de recueil des informations, pour permettre une prompte évaluation de la situation et un traitement rapide. La pièce centrale de ce dispositif est un service administratif placé sous la responsabilité du président du conseil général qui centralise l'ensemble des renseignements recueillis par tous les services et établissements susceptibles d'avoir connaissance de cas de maltraitance. La loi du 5 mars 2007 a eu pour but d'améliorer la coordination entre les différents intervenants.

Pour simplifier l'accès à ce service, un « numéro vert » a été mis en place : le 119, affiché dans tous les lieux fréquentés par les enfants. Il correspond à un Groupement d'intérêt public institué entre l'État, les collectivités locales et tous les services, et donne accès à une permanence reliée à l'administration départementale évoquée plus haut. Tout appel téléphonique reçu donne lieu à vérification et évaluation, ne donnant toutefois lieu à transmission que dans 5 % des cas. Encore s'agit-il rarement de cas inconnus, mais souvent de situations sous-évaluées. Pour autant, il ne faut pas négliger le rôle d'écoute et de renseignement des autres appels : le numéro vert a aujourd'hui fait la preuve de son utilité.

C'est donc au conseil général, à la « cellule de recueil des informations préoccupantes » que sont transmis tous les signalements, qu'ils émanent d'assistantes sociales, de médecins, des écoles, des voisins ou de l'enfant lui-même, et c'est ce service qui a la charge de collecter ces données, de les analyser et après avoir vérifié si l'action sociale a touché ses limites ou se heurte à un refus parental avant de prendre l'initiative d'un signalement à l'autorité judiciaire.

Bien que l'enfant ne soit pas seulement en danger mais, selon toute vraisemblance, d'ores et déjà victime d'infractions pénales, ce n'est pas la justice qui est saisie, mais l'administration. La raison en est double : établir un « filtre » pour ne faire parvenir au procureur de la République que les dossiers vérifiés, et permettre une action immédiate des services sociaux compétents. Cette procédure permet aussi de résoudre le problème du secret professionnel, puisque les travailleurs sociaux ou les médecins ne dénoncent pas directement, mais transmettent leurs observations à un service spécialisé dans l'évaluation de ces situations et donc compétent pour prendre la décision.

Ce détour systématique par l'administration pose cependant deux types de problèmes. Le premier surgit lorsque le passage dans le circuit administratif induit un retard d'intervention préjudiciable à l'enfant, particulièrement en période de congés. Le dommage est alors souvent irréparable, et la recherche de responsabilités aussi aléatoire qu'inefficace.

Le second problème est de fond : la loi (art. L. 226-4 C. action soc. et fam.) n'impose au président du conseil général de saisir les autorités judiciaires que lorsque la famille refuse d'accepter l'intervention du service de l'ASE. Ce qui semblerait indiquer qu'il n'aurait aucune obligation de saisir la justice, même en présence d'une infraction grave, dès lors que la famille accepterait les mesures administratives ! À la suite de plusieurs faits divers médiatiques très graves, qui ont mis en lumière les déficiences des signalements, une loi du 5 mars 2007 tente de mieux coordonner l'action de tous les intervenants : travailleurs sociaux, médecins, établissements scolaires, etc. Reste que l'articulation entre l'action administrative et l'intervention judiciaire restera nécessairement délicate, en raison de l'irréductible indépendance de chaque protagoniste !

Dans plusieurs arrêts[1] remarqués sinon appréciés de la pratique, la Cour de cassation a clairement affirmé l'*obligation* qu'ont les autorités administratives de saisir la justice

1. Crim. 13 déc. 1992 commenté dans *Droit des jeunes,* de mars 1993 ; Crim. 24 janv. 1995, *Bull. crim.,* n° 32, et 8 oct. 1997, préc.

lorsque des infractions ont été commises, particulièrement lorsque l'enfant a été confié à l'ASE par le juge des enfants dans le cadre d'une mesure d'assistance éducative.

Qu'il s'agisse d'enfants en danger ou d'enfants maltraités, les travailleurs sociaux et la justice sont souvent dans une situation d'impuissance. Mettre en prison l'auteur des mauvais traitements et « placer » l'enfant dans un établissement de l'ASE ne sont pas vraiment d'excellentes solutions. D'où une tendance à laisser le plus possible l'enfant dans sa famille, à la fois parce qu'une mauvaise famille est souvent meilleure qu'un bon « placement », et parce que le fait de retirer les enfants marque, d'une certaine façon, l'échec du travail social, et achève souvent de marginaliser les parents. Ce qui explique certaines carences devant des situations dont la gravité n'avait pas été exactement mesurée.

3. **Les enfants délinquants.** – Évoquer les enfants délinquants dans une section consacrée aux enfants menacés relève d'un paradoxe : ne sont-ce pas les enfants délinquants qui, au contraire, menacent la société ? En réalité, cette présentation est parfaitement conforme au présupposé législatif selon lequel un enfant délinquant est avant tout un enfant à rééduquer et non pas à punir. Cette option fondamentale a été prise dès une ordonnance de 1945 qui a fait l'objet de plusieurs réformes, les dernières dans un sens répressif résultant de ce qui est ressenti comme une aggravation de la délinquance juvénile. Il n'est pas certain que le « pari éducatif » de l'ordonnance soit toujours d'actualité[1]. Des projets de réforme en profondeur de l'ordonnance de 1945 sont à l'étude depuis plusieurs années, et devraient aboutir à une refonte totale du droit pénal des mineurs en 2010.

Quelles que soient les réformes, la problématique ne changera pas fondamentalement : l'enfant est-il « coupable », c'est-à-dire pénalement responsable de ses actes ? Quelles

1. V. Renucci, Le droit pénal des mineurs entre son passé et son avenir, *Rev. sc. crim.*, 2000, p. 79.

sanctions ou mesures doivent lui être appliquées ? Quelles sont les juridictions compétentes ? Et la procédure qui y est suivie ?

A) *La responsabilité pénale de l'enfant.* – La loi du 9 septembre 2002 a posé des principes clairs, alors que la loi et la jurisprudence antérieures étaient assez confuses. D'après le nouvel article 122-8 du Code pénal, l'enfant est pénalement responsable dès qu'il est capable de *discernement,* mais il ne peut se voir appliquer de peines véritables qu'à partir de l'âge de treize ans. Auparavant, il ne peut faire l'objet que de mesures éducatives, voire, s'il a plus de dix ans, de « sanctions éducatives », nouveau concept introduit par cette loi.

Les enfants en bas âge qui ne comprennent pas la portée de leurs actes ne sont pas pénalement responsables et ne peuvent donc faire l'objet d'aucune sanction. Ce sont les tribunaux qui déterminent, cas par cas, si l'enfant qui a commis un méfait était ou non doté de ce discernement. Ainsi, par exemple, a-t-il été jugé qu'un enfant de neuf ans était responsable d'un incendie[1].

Le législateur n'a donc pas accédé pour le moment aux souhaits de ceux qui critiquent la notion de discernement à raison de son caractère imprécis, et qui auraient voulu que l'on fixât, conformément à la convention des droits de l'enfant, un âge minimum en deçà duquel la responsabilité pénale aurait été exclue.

À partir de treize ans, le mineur doit rendre compte de ses actes délictueux. Mais il ne sera pas forcément l'objet d'une sanction pénale : le juge ou le tribunal auront le choix entre les mesures éducatives et les peines.

B) *Les sanctions applicables aux mineurs délinquants.* – Elles sont de trois ordres : les mesures éducatives, quel que soit l'âge de l'enfant, les sanctions éducatives à partir de dix

1. Ass. plén., 9 mai 1984, *D,* 1984, J 525.

ans, les peines dès treize ans. Le choix est laissé à l'appréciation des juges, quelle que soit la gravité de l'infraction.

1 / *Les mesures éducatives :*

• Le juge pour enfants peut :

– soit relaxer le mineur s'il n'est pas coupable ;
– soit le condamner en le dispensant de peine dans les mêmes conditions qu'un adulte (en particulier si le dommage est réparé) ;
– soit l'admonester (mise en garde solennelle et intimidante) ;
– soit le remettre à ses parents ou à une personne digne de confiance (le cas échéant après avoir admonesté... les parents) ;
– soit prononcer une mise sous protection judiciaire n'excédant pas cinq ans.

• Le tribunal pour enfants peut aussi le placer dans un établissement d'éducation surveillée ou dans un établissement médical ou médico-psychologique.

Dès le début de l'instruction, l'enfant peut être placé en liberté surveillée.

Les placements, surveillances et protections judiciaires sont proposés et suivis par un service administratif : la Protection judiciaire de la jeunesse rattachée au ministère de la Justice.

Ces mesures peuvent durer jusqu'à la majorité de l'enfant, mais elles sont en permanence révisables par le juge des enfants, en aggravation ou en allégement. En particulier, l'« incident à la liberté surveillée » peut justifier une mesure de placement. À l'inverse, la surveillance pourra être supprimée en cas de bonne conduite du mineur.

En raison de l'aggravation de la délinquance juvénile, une circulaire de juin 1996 a créé des Unités éducatives à encadrement renforcé, destinées à des jeunes récidivistes ayant un besoin impérieux de rompre avec leur milieu. L'expérience est globalement positive : éloignés de leur milieu criminogène et surencadrés, les jeunes se restructurent. Reste qu'ils retrouveront, à leur retour, les mêmes conditions sociales et familiales. Reste aussi qu'il n'est pas envisageable de consacrer une telle débauche de moyens humains et financiers à tous les mineurs délinquants.

Depuis 2002, les Centres éducatifs fermés accueillent les jeunes soit au titre d'un contrôle judiciaire pendant l'instruction, soit à la suite d'une condamnation assortie d'un sursis avec mise à l'épreuve, ou encore dans le cadre d'une mesure de liberté conditionnelle. Leur fonctionnement est plus problématique, car ils ne sont fermés que par leur dénomination (sinon, ce serait des prisons). D'où des fugues qui ne peuvent déboucher que sur de véritables incarcérations, ce qui démontre l'échec du système.

2 / *Les sanctions éducatives* sont une innovation de la loi du 9 septembre 2002. Elles ne peuvent être prononcées que par le tribunal pour enfants et sont censées constituer, à partir de dix ans, un degré de coercition supplémentaire par rapport aux mesures éducatives. La liste, allongée par la loi du 2 mars 2010, comporte des interdictions, comme celle de paraître dans certains lieux ou de rencontrer les complices ou la victime de l'infraction pendant un an. Elle inclut aussi des mesures de réparation ou encore des stages de rappel à la loi, ainsi que des mesures de placement dans un établissement scolaire comportant un internat. Le tribunal peut aussi confisquer les objets ayant servi à commettre l'infraction ou obtenus grâce à elle. Si l'enfant se dérobe à ses obligations, il pourra être placé dans un établissement d'éducation surveillée.

3 / *Les véritables peines* ne sont prononcées que si les mesures éducatives avouent leur insuffisance. Elles sont décidées par le tribunal pour enfants ou la Cour d'assises des mineurs.

Il s'agit alors des mêmes peines que celles qui seraient appliquées à un majeur pour les mêmes faits – amende, emprisonnement ou encore substituts à l'emprisonnement comme le Travail d'intérêt général pour les jeunes de plus de seize ans. Mais le maximum légal est divisé par deux, et le montant des amendes plafonné à 7 500 euros.

Le placement sous surveillance électronique est applicable aux mineurs comme aux majeurs.

Pour les délinquants âgés de plus de seize ans, le tribunal peut, par décision spécialement motivée, écarter la diminution légale de peine résultant de la minorité et prononcer les mêmes peines que pour un majeur. On aboutit alors parfois à des sanctions fort sévères : ainsi un mineur a-t-il pu être condamné à la réclusion criminelle à perpétuité, pour plusieurs meurtres de vieilles dames commis avec préméditation. Malgré la gravité extrême des faits, on peut légitimement s'interroger sur cette privation définitive de liberté infligée à une personne encore inapte à contracter ou à voter.

L'emprisonnement de mineurs pose de graves problèmes : plus encore que pour les adultes, la prison n'est-elle pas facteur de récidive plutôt que moyen de resocialisation ? La loi a tenté de donner un effet positif à l'emprisonnement par la création de « prisons-écoles », la séparation des adultes et des mineurs dans les maisons d'arrêt, les possibilités de formation professionnelle, etc. Malheureusement, la surpopulation carcérale rend l'application de ces principes parfois illusoire. Des prisons réservées aux mineurs, prévues pour de faibles effectifs, ont été ouvertes en 2006.

Quelle que soit la sanction choisie, elle figurera sur le casier judiciaire du mineur, mais seulement sur le bulletin « n° 1 » qui n'est communiqué qu'aux magistrats de l'ordre judiciaire. Jamais un employeur ou une autorité administrative n'en auront connaissance.

La suppression de la condamnation est automatique à la majorité de l'enfant si elle ne dépasse pas deux mois d'emprisonnement ; elle peut être décidée par le juge des enfants en cas de bonne conduite dans les autres cas.

C) Les juridictions pénales pour mineurs. – Comme pour les majeurs délinquants, la juridiction compétente dépend de la gravité de l'infraction commise.

Pour les contraventions des quatre premières classes (par exemple, défaut de casque sur un cyclomoteur), le mineur est justiciable du tribunal de police comme un majeur, ou du juge de proximité.

Pour les infractions plus graves : contraventions de la cinquième classe, délits et crimes, il existe des juridictions spécialisées. Au stade du jugement, la compétence de ces juridictions est exclusive ; En revanche, l'instruction des délits ou crimes commis par des mineurs peut être suivie par un juge d'instruction.

Plus précisément, le juge des enfants est compétent pour instruire et juger toutes les contraventions et délits commis par des moins de dix-huit ans et pour les crimes commis par des mineurs de seize ans. Il peut donc garder par-devers lui le dossier du début jusqu'à la fin. La seule limite à sa compétence tient aux mesures prononcées, qui ne peuvent pas être une peine, pas même une amende ou un Travail d'intérêt général, ni même une « sanction éducative ». Si le juge des enfants estime que, compte tenu de la gravité de l'affaire et de la personnalité de l'enfant, ce type de sanction est souhaitable, il renverra l'enfant devant le tribunal pour enfants.

Le tribunal pour enfants est composé du juge des enfants qui le préside et de deux assesseurs, choisis en raison de leur compétence dans le domaine de l'enfance. Ce tribunal juge les mêmes affaires que le juge des enfants, mais il peut appliquer l'ensemble de l'arsenal des mesures, pénales ou non.

Les mineurs de plus de seize ans ayant commis un crime (meurtre, viol...) sont traduits devant la cour d'assises des mineurs qui est semblable à une cour d'assises ordinaire, à l'exception du fait que les deux juges assesseurs sont des juges pour enfants. Mais le président de la cour et le jury sont identiques à ceux d'une cour d'assises normale, ce qui permet de juger en même temps majeurs et mineurs lorsqu'ils ont participé ensemble à un même crime.

D) *La procédure pénale applicable aux mineurs.* – La première particularité du droit des mineurs est la présence obligatoire d'un avocat. Éventuellement, il sera désigné d'office.

Une seconde dérogation au droit commun est le caractère obligatoire de l'instruction. Les procédures de comparution immédiate et de citation directe sont inapplicables aux mineurs. Cependant, la nécessité d'accélérer les procédures, afin qu'elles constituent vraiment une réponse aux faits délictueux, a entraîné la création de nouvelles procédures : la convocation par officier de police judiciaire et la comparution à délai rapproché.

L'une d'entre elles concerne les mineurs de plus de seize ans ayant commis une infraction passible de cinq ans d'emprisonnement. Elle permet au procureur de la République, sans en référer au juge des enfants, de traduire le jeune devant le tribunal pour enfants dans un délai compris entre dix jours et un mois. Néanmoins, l'intervention du juge des enfants sera nécessaire s'il faut placer l'enfant en détention provisoire ou en Centre éducatif fermé dans l'attente du jugement.

L'enfant de moins de treize ans ne peut plus être placé en garde à vue. S'il a plus de dix ans, il peut néanmoins être « retenu » pendant douze heures au plus. S'il a plus de treize ans, la garde à vue est possible, mais strictement limitée. Elle devra désormais faire l'objet d'un enregistrement vidéo. L'enfant devra faire l'objet d'un examen médical systématique s'il a moins de seize ans.

Tout au long de la procédure, les parents doivent être tenus informés de son déroulement.

Pour le surplus, la procédure pénale des mineurs ressemble beaucoup (trop ?) à celle des majeurs. L'évolution de la législation relative à la procédure pénale, et la refonte du droit pénal des mineurs vont probablement modifier sensiblement le dispositif actuel. Il est encore trop tôt pour savoir dans quel sens.

1 / Un délit ou un crime commis par un mineur peut être *instruit par le juge des enfants ou un juge d'instruction.* Le choix dépend de la difficulté de l'enquête et de l'existence ou non de majeurs impliqués dans la même affaire : les affaires complexes ou « mixtes » (avec des majeurs) de même que les crimes sont souvent confiés aux juges d'instruction, les autres instruites par les juges des enfants. Les juges des enfants comme les juges d'instruction peuvent ordonner des mesures éducatives provisoires (placement dans un centre d'éducation ou remise aux services de l'ASE, etc.) ou

soumettre l'enfant à un contrôle judiciaire. Les services de la Protection judiciaire de la jeunesse doivent indiquer au juge des propositions de placement ou d'aide éducative permettant d'éviter la détention.

Une autre « banalisation » de la situation des mineurs a été récemment rappelée. Dans une affaire où un procureur de la République avait refusé de poursuivre une dénonciation calomnieuse reprochée à une mineure, la victime s'est constituée partie civile afin d'obliger le juge d'instruction à poursuivre, et la Cour de cassation a décidé que la circonstance que l'auteur de l'infraction était mineur ne pouvait paralyser les droits de la partie civile[1].

Le fait que le même juge des enfants soit amené successivement à instruire le dossier puis à juger l'enfant a été critiqué comme étant contraire à l'« impartialité » requise à la fois par la convention l'ONU des droits de l'enfant et par la convention européenne des droits de l'homme (art. 6-1). Mais l'objectif du juge des enfants, juge à la fois civil et pénal, est avant tout de préserver l'intérêt de l'enfant. Il s'agirait donc d'une partialité favorable au mineur que la Cour de cassation n'estime pas contraire à la CEDH[2].

2 / *La mise en détention provisoire* des mineurs fait partie des questions « sensibles ». Pas plus qu'il n'est possible d'écarter complètement l'emprisonnement-sanction, on ne peut éviter totalement de recourir à la détention provisoire. Mais la loi limite strictement les cas dans lesquels elle peut être prononcée ainsi que sa durée.

La détention provisoire d'enfants de moins de treize ans est désormais interdite. De treize ans à seize ans, elle n'est possible en principe qu'en matière criminelle. Elle ne peut alors durer plus de six mois, et peut être prorogée une seule fois.

Depuis la loi du 9 septembre 2002, l'enfant qui ne peut pas être mis en détention provisoire peut cependant être placé dans un centre éducatif fermé. Mais, s'il se dérobe à la surveillance, il pourra

1. Crim., 19 novembre 1999, *JCP,* 2000, I, 241, p. 1239.
2. Crim., 7 avril 1993, *D,* 1993, p. 553, note Pradel.

alors être mis en détention. Indirectement, la détention provisoire en matière correctionnelle pour les moins de seize ans est donc réinstaurée, mais il faut dire que la situation antérieure où les enfants pouvaient impunément se soustraire aux mesures de contrôle judiciaire était inacceptable.

Pour les mineurs de plus de seize ans, la détention provisoire peut être ordonnée en matière criminelle ou délictuelle. Dans le cas de crime, elle peut aller jusqu'à deux ans. Dans le cas de délits, sa durée dépend de la peine encourue et du passé pénal du délinquant.

Paradoxalement, la loi du 15 juin 2000 renforçant la présomption d'innocence réduit la spécificité de la situation des mineurs, puisque leur détention provisoire sera décidée désormais par le juge des libertés et de la détention, compétent aussi bien pour les majeurs que pour les mineurs. Il n'est pas certain que la protection des enfants en sortira renforcée.

La Cour de cassation a eu l'occasion de dire que ce dispositif n'a rien de contraire à la convention européenne des droits de l'homme dans une affaire où un jeune de quinze ans était prévenu de tentative d'homicide volontaire au moyen d'une arme, les psychiatres relevant de sérieux risques de réitération[1].

3 / *L'enquête de personnalité* comprend deux volets : enquête sociale et expertise médico-psychologique. Ces enquêtes n'ont pas toujours lieu, l'article 8 de l'ordonnance de 1945 permettant au juge qui instruit le dossier de ne pas y recourir « dans l'intérêt du mineur ». De ce fait, il advient relativement souvent qu'elle ne soit pas faite, ce que d'aucuns déplorent. Cependant, dans certaines affaires de délinquance très occasionnelle réglées par une « admonestation », l'expertise médico-psychologique serait non seulement inutile (et coûteuse), mais encore nuisible à l'équilibre de l'enfant. Aussi paraît-il judicieux de laisser les juges libres de leur choix. En revanche, dans les hypothèses de délinquance confirmée, c'est le dossier de personnalité qui permettra au

1. Crim., 22 mai 1990, *D,* 1990, p. 456.

juge, puis au tribunal, de choisir la formule la mieux adaptée à l'enfant, parmi le vaste éventail de possibilités ouvertes par la législation.

Le souci actuel de traiter la délinquance « en temps réel », c'est-à-dire immédiatement, implique *ipso facto* de faire l'impasse sur l'enquête de personnalité. C'est l'un des aspects potentiellement négatifs de l'accélération de la procédure.

4 / *La « réparation » pénale.*

Cette procédure, inventée par la pratique, consiste à subordonner l'abandon des poursuites à une « réparation » effectuée par le mineur, soit envers la victime, soit envers la collectivité.

Elle a été institutionnalisée par la loi du 4 janvier 1993. La mesure de réparation doit être acceptée à la fois par le mineur, par les titulaires de l'autorité parentale et par la victime. Elle est décidée par le procureur avant les poursuites, ou par le juge chargé d'instruire le délit. Sa mise en œuvre est confiée à un organisme habilité (par exemple, la PJJ). Si elle est bien exécutée, l'affaire sera classée sans suite ou fera l'objet d'un non-lieu.

La médiation-réparation a donné des résultats efficaces, tant au niveau de l'intimidation des jeunes, que pour la satisfaction des victimes. Aussi les lois ultérieures ont-elles prévu sa montée en puissance quantitative.

Pour autant, il ne faut pas se dissimuler qu'elle constitue, à de nombreux égards, un sérieux infléchissement de la politique pénale : non seulement elle élude la présence d'un avocat et la réalisation d'une enquête de personnalité, mais encore la pratique de la réparation pénale a déplacé le centre de gravité du traitement de la délinquance juvénile vers le procureur de la République, qui traite tous les cas « légers ». Seuls les récidivistes sont désormais dirigés vers le juge des enfants, ce qui infléchit évidemment sa mission. On constate que la priorité éducative orientée vers l'enfant a cédé le pas au souci d'apaiser immédiatement le trouble causé par la délinquance.

## Conclusion

Il n'est pas facile de conclure l'exposé d'un sujet aussi complexe et aussi riche de virtualités de modifications. Dans la dialectique protection/droits de l'enfant, l'équilibre est difficile à respecter. Le plus grave défaut de la situation actuelle nous paraît être le décalage entre les mécanismes protecteurs et les vrais dangers guettant l'enfant. Lui interdire d'hypothéquer ses maisons, et le laisser en danger d'être emprisonné !

Après une période dynamique, impulsée par la convention des droits de l'enfant, on assiste à une sorte de pause, voire de retour en arrière, particulièrement sensible en droit pénal.

S'il existe un malaise de la jeunesse, ce n'est certes pas en restreignant ses droits et en alourdissant leur contrôle que l'on en viendra à bout, mais en apprenant aux enfants la responsabilité. Car le premier droit de l'enfant est certainement celui de devenir un adulte responsable et heureux.

# ANNEXE

## CONVENTION SUR LES DROITS DE L'ENFANT adoptée par l'ONU le 20 novembre 1989

*(Extraits)*

ARTICLE PREMIER. – Au sens de la présente convention, un enfant s'entend de tout être humain âgé de moins de dix-huit ans, sauf si la majorité est atteinte plus tôt en vertu de la législation qui lui est applicable.

ART. 2. – 1. Les États parties s'engagent à respecter les droits qui sont énoncés dans la présente convention et à les garantir à tout enfant relevant de leur juridiction, sans distinction aucune, indépendamment de toute considération de race, de couleur, de sexe, de langue, de religion, d'opinion politique ou autre de l'enfant ou de ses parents ou représentants légaux, de leur origine nationale, ethnique ou sociale, de leur situation de fortune, de leur incapacité, de leur naissance ou de toute autre situation.

2. Les États parties prennent toutes les mesures appropriées pour que l'enfant soit effectivement protégé contre toutes formes de discrimination ou de sanction motivées par la situation juridique, les activités, les opinions déclarées ou les convictions de ses parents, de ses représentants légaux ou des membres de sa famille.

ART. 3. – 1. Dans toutes les décisions qui concernent les enfants, qu'elles soient le fait des institutions publiques ou privées de protection sociale, des tribunaux, des autorités administratives ou des organes législatifs, l'intérêt supérieur de l'enfant doit être une considération primordiale.

...

ART. 5. – Les États parties respectent la responsabilité, le droit et le devoir qu'ont les parents ou, le cas échéant, les membres de la famille élargie ou de la communauté, comme prévu par la coutume locale, les tuteurs ou autres personnes légalement responsables de l'enfant, de donner à celui-ci, d'une manière qui corresponde au développement de ses capacités, l'orientation et les conseils appropriés à l'exercice des droits que lui reconnaît la présente convention.

ART. 6. – 1. Les États parties reconnaissent que tout enfant a un droit inhérent à la vie.

2. Les États parties assurent dans toute la mesure possible la survie et le développement de l'enfant.

ART. 7. – 1. L'enfant est enregistré aussitôt sa naissance et a dès celle-ci le droit à un nom, le droit d'acquérir une nationalité et, dans la mesure du possible, le droit de connaître ses parents et d'être élevé par eux.

...

ART. 9. – 1. Les États parties veillent à ce que l'enfant ne soit pas séparé de ses parents contre leur gré, à moins que les autorités compétentes ne décident, sous réserve de révision judiciaire et conformément aux lois et procédures applicables, que cette séparation est nécessaire dans l'intérêt supérieur de l'enfant. Une décision en ce sens peut être nécessaire dans certains cas particuliers, par exemple lorsque les parents maltraitent ou négligent l'enfant, ou lorsqu'ils vivent séparément et qu'une décision doit être prise au sujet du lieu de résidence de l'enfant.

...

3. Les États parties respectent le droit de l'enfant séparé de ses deux parents ou de l'un d'eux d'entretenir régulièrement des relations personnelles et des contacts directs avec ses deux parents, sauf si cela est contraire à l'intérêt supérieur de l'enfant.

...

ART. 11. – 1. Les États parties prennent des mesures pour lutter contre les déplacements et les non-retours illicites d'enfants à l'étranger.

...

ART. 12. – 1. Les États parties garantissent à l'enfant qui est capable de discernement le droit d'exprimer librement son opinion sur toute question l'intéressant, les opinions de l'enfant étant dûment prises en considération eu égard à son âge et à son degré de maturité.

2. À cette fin, on donnera notamment à l'enfant la possibilité d'être entendu dans toute procédure judiciaire ou administrative l'intéressant, soit directement, soit par l'intermédiaire d'un représentant ou d'un organisme approprié, de façon compatible avec les règles de procédure de la législation nationale.

ART. 13. – 1. L'enfant a droit à la liberté d'expression. Ce droit comprend la liberté de rechercher, de recevoir et de répandre des informations et des idées de toute espèce, sans considération de frontières, sous une forme orale, écrite, imprimée ou artistique, ou par tout autre moyen du choix de l'enfant.

2. L'exercice de ce droit ne peut faire l'objet que des seules restrictions qui sont prescrites par la loi et qui sont nécessaires :

*a)* au respect des droits ou de la réputation d'autrui ; ou

*b)* à la sauvegarde de la sécurité nationale, de l'ordre public, de la santé ou de la moralité publiques.

ART. 14. – 1. Les États parties respectent le droit de l'enfant à la liberté de pensée, de conscience et de religion.

2. Les États parties respectent le droit et le devoir des parents ou, le cas échéant, des représentants légaux de l'enfant, de guider celui-ci dans l'exercice du droit susmentionné d'une manière qui corresponde au développement de ses capacités.

...

ART. 16. – 1. Nul enfant ne fera l'objet d'immixtions arbitraires ou illégales dans sa vie privée, sa famille, son domicile ou sa correspondance, ni d'atteintes illégales à son honneur et à sa réputation.

...

ART. 18. – 1. Les États parties s'emploient de leur mieux à assurer la reconnaissance du principe selon lequel les deux parents ont une responsabilité commune pour ce qui est d'élever l'enfant et d'assurer son développement. La responsabilité d'élever l'enfant et d'assurer son développement incombe au premier chef aux parents ou, le cas échéant, à ses représentants légaux. Ceux-ci doivent être guidés avant tout par l'intérêt supérieur de l'enfant.

...

ART. 19. – 1. Les États parties prennent toutes les mesures législatives, administratives, sociales et éducatives appropriées pour protéger l'enfant contre toutes formes de violence, d'atteinte ou de brutalités physiques ou mentales, d'abandon ou de négligence, de mauvais traitements ou d'exploitation, y compris la violence sexuelle, pendant qu'il est sous la garde de ses parents ou de l'un d'eux, de son ou ses représentants légaux ou de toute autre personne à qui il est confié.

...

ART. 20. – 1. Tout enfant qui est temporairement ou définitivement privé de son milieu familial, ou qui dans son propre intérêt ne peut être laissé dans ce milieu, a droit à une protection et une aide spéciales de l'État.

...

ART. 23. – 1. Les États parties reconnaissent que les enfants mentalement ou physiquement handicapés doivent mener une vie pleine et décente, dans des conditions qui garantissent leur dignité, favorisent leur autonomie et facilitent leur participation active à la vie de la collectivité.

2. Les États parties reconnaissent le droit des enfants handicapés de bénéficier de soins spéciaux et encouragent et assurent, dans la mesure des ressources disponibles, l'octroi, sur demande, aux enfants handicapés remplissant les conditions requises et à ceux qui en ont la charge, d'une aide adaptée à l'état de l'enfant et à la situation de ses parents ou de ceux à qui il est confié.

...

ART. 24. – 1. Les États parties reconnaissent le droit de l'enfant de jouir du meilleur état de santé possible et de bénéficier de services médicaux et de rééducation. Ils s'efforcent de garantir qu'aucun enfant ne soit privé du droit d'avoir accès à ces services.

...

3. Les États parties prennent toutes les mesures efficaces appropriées en vue d'abolir les pratiques traditionnelles préjudiciables à la santé des enfants.

...

ART. 28. – 1. Les États parties reconnaissent le droit de l'enfant à l'éducation et, en particulier, en vue d'assurer l'exercice de ce droit progressivement et sur la base de l'égalité des chances :

*a)* Ils rendent l'enseignement primaire obligatoire et gratuit pour tous.

...

2. Les États parties prennent toutes les mesures appropriées pour veiller à ce que la discipline scolaire soit appliquée d'une manière compatible avec la dignité de l'enfant en tant qu'être humain et conformément à la présente convention.

...

ART. 37. – Les États parties veillent à ce que :

*a)* Nul enfant ne soit soumis à la torture ni à des peines ou traitements cruels, inhumains ou dégradants : ni la peine capitale ni l'emprisonnement à vie sans possibilité de libération ne doivent être prononcés pour les infractions commises par des personnes âgées de moins de dix-huit ans ;

*b)* Nul enfant ne soit privé de liberté de façon illégale ou arbitraire : l'arrestation, la détention ou l'emprisonnement d'un enfant doit être en conformité avec la loi, n'être qu'une mesure de dernier ressort, et être d'une durée aussi brève que possible ;

*c)* Tout enfant privé de liberté soit traité avec humanité et avec le respect dû à la dignité de la personne humaine, et d'une manière tenant compte des besoins des personnes de son âge : en particulier, tout enfant privé de liberté sera séparé des adultes, à moins que l'on estime préférable de ne pas le faire dans l'intérêt supérieur de l'enfant, et il a le droit de rester en contact avec sa famille par la correspondance et par des visites, sauf circonstances exceptionnelles ;

*d)* Les enfants privés de liberté aient le droit d'avoir rapidement accès à l'assistance juridique ou à toute autre assistance appropriée, ainsi que le droit de contester la légalité de leur privation de liberté devant un tribunal ou une autre autorité compétente, indépendante et impartiale, et à ce qu'une décision rapide soit prise en la matière.

# BIBLIOGRAPHIE

Alfandari, Dekeuwer-Défossez, Monéger, Verdier, Verkindt, *Affirmer et promouvoir les droits de l'enfant après la convention internationale sur les droits de l'enfant,* Rapport au secrétaire d'État à la Famille, aux Personnes âgées et aux Rapatriés, La Documentation française, 1993.

Assemblée nationale, *Droits de l'enfant, de nouveaux espaces à conquérir,* Laurent Fabius, Jean-Paul Bret, rapport nº 871, 1998.

Association internationale des magistrats de la jeunesse, *Jeunes délinquants et jeunes en danger en milieu ouvert,* Érès, 1994.

Bauer M., Fossier Th., *Les tutelles. Protection juridique et sociale des enfants et des adultes.*

Castaignède J., La loi nº 2002-1138 du 9 septembre 2002 : un nouveau regard porté sur le droit pénal des mineurs, *D,* 2003, chr. 779.

Castaignède J., Nérac-Croisier R., *La protection judiciaire du mineur en danger,* L'Harmattan, 2000.

Commissariat général au Plan, *Jeunesse, le devoir d'avenir,* La Documentation française, 2002.

Creof M., *Guide de la protection de l'enfance maltraitée,* Dunod.

XCI^e Congrès des notaires de France, *Le droit et l'enfant,* Tours, mai 1995.

Conseil d'État, *Rapport sur la protection et le statut de l'enfant,* La Documentation française, 1991.

CRIJ, LERADP, Service « Droits des jeunes » de Lille, *Guide des 16-35 ans,* Syros, 1994.

Croisier-Nérac R., *Le mineur et le droit pénal,* L'Harmattan, 1997.

Dekeuwer-Défossez F., *Rénover le droit de la famille,* La Documentation française, 1999.

Défenseure des enfants, *Rapports annuels.*

De Singly F., *Enfants, adultes, vers une égalité de statuts ?,* Universalis, 2004.

Gridel J.-P., Lecuyer H., Le mineur en droit privé français, *GP,* 21, 22 mars 2003.

Huyette M., *Protection judiciaire de l'enfant,* Dunod, 4^e éd. 2009.

Laroche-Gisserot F., *Les droits de l'enfant,* Dalloz, coll. « Connaissance du droit », 2002.

LERADP, *L'enfant, la famille et l'argent,* Colloque de Lille, décembre 1990, LGDJ, 1991.

LERADP, Sommaires commentés « Droits de l'enfant », *Petites Affiches.*

Manciaux M., Gabel J. *et al., Enfances en danger,* Fleurus, 1997.

Massip J., *Tutelle des mineurs et protection juridique des majeurs* éd. Defrénois, 2009.

Ministère de la Justice, *Le cinquantenaire de l'ordonnance de 1945,* Colloque de la Sorbonne, février 1995.

Monéger F., La Convention des Nations Unies sur les droits de l'enfant, *Revue trimestrielle de droit sanitaire et social,* avril-juin 1990.

Neirinck C., *La protection de la personne de l'enfant contre ses parents,* LGDJ, 1984.

Raymond G., Barreteau-Raymond C. H., *Droit de l'enfance et de l'adolescence,* Litec, 5e éd 2006.

Renaut A., *La libération des enfants. Contribution philosophique à une histoire de l'enfance,* Bayard/Calmann-Lévy, 2002.

Rosenczveig J.-P., *Le dispositif français de protection de l'enfance,* 2005.

Rosenczveig J.-P., Verdier P., *La parole de l'enfant,* Dunod, 1999.

Rubellin-Devichi J., Regards sur quelques incohérences en matière de droits de l'enfant, *D,* 2001, p. 1323.

Sosson Johanne *La parole de l'enfant*, Bruylant, 2007.

Verdier P., Noe F., *Le guide de l'aide sociale à l'enfance,* Dunod, 2008.

Youf D., *Penser les droits de l'enfant,* PUF, coll. « Questions d'éthique », 2002.

# TABLE DES MATIÈRES

Mis en pages et imprimé en France
par JOUVE
1, rue du Docteur Sauvé, 53100 Mayenne
Juin 2010 - N° 511369D

JOUVE est titulaire du label imprim'vert®